"中国劳模"系列丛书

火箭发射平台的"微雕师"
韩利萍

刘思佳◎著

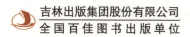

吉林出版集团股份有限公司
全国百佳图书出版单位

图书在版编目（CIP）数据

火箭发射平台的"微雕师"：韩利萍 / 刘思佳著
. -- 长春：吉林出版集团股份有限公司，2024.9
（"中国劳模"系列丛书 / 徐强主编）
ISBN 978-7-5731-4906-0

Ⅰ.①火… Ⅱ.①刘… Ⅲ.①韩利萍 - 传记 Ⅳ.
①K826.16

中国国家版本馆CIP数据核字（2024）第082683号

HUOJIAN FASHE PINGTAI DE "WEIDIAO SHI"：HAN LIPING

火箭发射平台的"微雕师"：韩利萍

出 版 人	于 强	
主 编	徐 强	
著 者	刘思佳	
组稿统筹	东北师范大学文学院创意写作研究中心	
责任编辑	石榆淼	
装帧设计	刘美丽	

出 版 吉林出版集团股份有限公司
发 行 吉林出版集团社科图书有限公司
地 址 吉林省长春市南关区福祉大路5788号 邮编：130118
印 刷 唐山富达印务有限公司
电 话 0431-81629711（总编办）
抖 音 号 吉林出版集团社科图书有限公司 37009026326

开 本 710 mm×1000 mm 1 / 16
印 张 9
字 数 100 千字
版 次 2024 年 9 月第 1 版
印 次 2024 年 9 月第 1 次印刷

书 号 ISBN 978-7-5731-4906-0
定 价 55.00 元

序言

　　劳动创造财富，劳动创造幸福，劳动创造未来。习近平总书记在2020年全国劳动模范和先进工作者表彰大会上的讲话中指出："全社会要崇尚劳动、见贤思齐，加大对劳动模范和先进工作者的宣传力度，讲好劳模故事、讲好劳动故事、讲好工匠故事，弘扬劳动最光荣、劳动最崇高、劳动最伟大、劳动最美丽的社会风尚。"当今世界，综合国力的竞争归根到底是科技人才和高素质劳动者的竞争。改革开放以来，我们强大的工人队伍用辛勤的劳动和拼搏奉献的精神推动中国制造、中国智造、中国创造走向世界的前列，新时代的中国面貌日新月异。大力弘扬劳模精神、劳动精神、工匠精神，加强高素质技能人才队伍建设，打造一支宏大的知识型、技能型、创新型劳动者队伍，是伟大时代赋予我们的历史责任。

　　劳动模范是民族的精英、人民的楷模，是共和国的功臣。自改革开放以来，广大职工勇立改革潮头，独立自主，奋发图强，勇于创新，其中涌现出一批批全国劳模和大国工匠。他们参与建设了代表中国高度、中国速度、中国深度的一系列重大工程，提升了国家实力，打造了"中国名片"，树立了"中国品牌"，增添了"中国力量"，充分释放出工人阶级的创新活力，展示出大国工匠的强大创造力。他们以工人阶级的满腔热忱在各自平凡的工作岗位上取得了辉煌的成绩，书写了新时代的壮丽篇章。

爱岗敬业、争创一流、艰苦奋斗、勇于创新、淡泊名利、甘于奉献的劳模精神，崇尚劳动、热爱劳动、辛勤劳动、诚实劳动的劳动精神和执着专注、精益求精、一丝不苟、追求卓越的工匠精神，是广大劳动群众在社会生产实践中锤炼形成的弥足珍贵的精神财富，是工人阶级伟大品格的具体体现，是民族精神和时代精神的生动诠释。民族复兴需要劳动模范，祖国强盛需要大国工匠，中国制造、中国智造、中国创造更需要大国工匠的强有力支撑。劳模、工匠等的成长故事、先进事迹中承载的劳模精神、劳动精神和工匠精神，是激励全国各族人民团结奋斗、勇往直前的强大精神力量。

"中国劳模"系列丛书，采用图文结合的方式，讲述全国劳模、大国工匠和先进工作者们的成长经历及他们追梦、筑梦、圆梦的故事，用他们在平凡岗位上创造不平凡业绩的真实故事感染读者，推动形成劳动最光荣、劳动最崇高、劳动最伟大、劳动最美丽的社会风尚，引导广大技术工人和青少年形成劳动光荣、技能宝贵、创造伟大的观念。

"匠心筑梦，强国有我。"新时代是一个万象更新、生机勃勃的时代，也是一个继往开来、创新创业和建功立业的大时代。希望广大读者能以劳动模范为榜样，以大国工匠为楷模，立志技能报国、技术强国，踔厉奋发，勇毅前行，锤炼思想品格，汲取劳动智慧，勇于担当、勤于钻研、甘于奉献，为推进新型工业化和乡村振兴，为加快建设制造强国、质量强国、航天强国、交通强国、网络强国、数字中国、农业强国，全面建设社会主义现代化国家贡献青春力量。

中华全国总工会副主席（兼）

中国航天科技集团有限公司第一研究院

211厂14车间高凤林班组组长

2022年11月

传主简介

　　韩利萍，女，汉族，1971年12月出生，中共党员，山西长治人，特级技师，高级工程师，现为山西航天清华装备有限责任公司数控铣工，全国示范性劳模和工匠人才创新工作室及国家级技能大师工作室带头人，全国妇联第十二届、十三届执委，中国运载火箭技术研究院首席技能专家，党的十九大、二十大代表。被誉为火箭发射平台的"微雕师"。

　　韩利萍曾获山西省十大女杰、山西省劳动模范、全国技术能手等荣誉称号。

　　2009年，获得国务院颁发的首批高技能人才政府特殊津贴。2012年12月，获得中华技能大奖。2018年3月，全国妇联做出决定授予其"全国三八红旗手"荣誉称号。2019年2月，被授予"全国三八红旗手标兵"称号和全国五一劳动奖章。2020年11月24日，获全国劳动模范称号。2021年12月，获得首届"山西省优秀人才突出贡献奖"。2022年11月7日，获第十五届航空航天月桂奖大国工匠奖。

韩利萍是山西航天清华装备有限责任公司高技能人才杰出代表。她信念坚定，有志有恒，坚守生产一线三十余年，精通多种数控系统和CAM软件的多轴数控编程和操作，擅长复杂曲面、弱刚性薄壁零件和异形零件的精加工。

她精益求精，追求极致，攻克了"长七"发射平台阀体类零件多孔系累积误差大、公差边界小的难题，一次交验合格率达到100%，确保了新一代大运载火箭完美飞天，为我国圆满完成空间实验室的建设任务奠定了坚实基础。

她开拓创新，破障前行，2012年以她领衔的国家级技能大师工作室正式挂牌成立，工作室聚焦科研生产瓶颈问题集智攻关，累计创效3000多万元，获得专利13项，于2017年被授予全国示范性劳模和工匠人才创新工作室。这支技术过硬的数控加工团队，用集体智慧和汗水不断创造着奇迹，稳稳地托举神舟载人飞船、嫦娥探测器、北斗导航定位卫星、天舟货运飞船完美飞天，为实现航天梦做出了突出贡献。

目　录

第一章　航天精神伴成长

扫码解锁

◉群英颂歌◉传心创世
◉遨游星辰◉奋斗底色

小小少年有担当

1971年12月，韩利萍出生在山西长治的一个航天工人家庭，父亲是长治清华机械厂（2017年后更名为山西航天清华装备有限责任公司）的职工，家里还有两个妹妹。

山西长治的南郊，厂区的四周被那一望无际的麦田包围，微风中，一道道麦浪随风摇曳，空气中还夹杂着小麦的清香。

小时候的利萍常喜欢到麦田里玩。有一次，11岁的利萍带着小4岁的妹妹，还有一群小伙伴，无忧无虑地穿梭在麦田间嬉戏打闹。玩累了的大家围坐在田埂上，一个小伙伴提议道："咱们烤青麦吃吧！"瞬间激起了大家的兴趣："好，我去揪麦子。""我去找柴火。""我带了火柴。"

不一会儿，大家伙儿又从四面八方聚过来，挑选那些饱满的麦子，摘上一把，支上一个小柴火堆①，开始烧烤。烤青麦，火候的把握是最重要的，烤到麦粒开始由青色变成黑黄色，能闻到麦香味儿就可以了。烤好的麦子用双手使劲揉搓，直至麦粒脱去外衣，然

---

① 在野外的麦田等地生火是危险行为，请勿效仿。

后深吸一口气鼓起两腮把残渣吹掉，剩下的麦仁就可以吃了。

大家用手心小心翼翼地捧着烤好的麦粒，一下都倒进嘴里。烤过的麦粒味道香甜，麦香浓郁，特别有嚼劲儿。吃着吃着，大家的手上嘴上都不自觉地染了一层灰。

回家后，看到两个孩子嘴角上的灰，利萍的妈妈便知道她们干了"坏事"。身为姐姐的利萍被妈妈揪出来狠狠地收拾了一顿。利萍泪眼婆娑地看着妈妈，心里委屈极了，她心想：不就是薅了点儿麦子烤了吃吗？

妈妈严厉地教育利萍："那是农民伯伯辛苦种的麦子，还没长熟就被你们薅下来吃了。这些麦子对人家来说，是一年辛苦劳动的收成。"

从那以后，挨过教训的利萍再也不敢去"偷"麦子了，她明白了，那些美味的麦子是别人辛苦劳动的成果，破坏别人的劳动成果是不对的。

厂区每天早上七点半准时吹响上班的号声，因此大人们每天六点起床开始准备早餐，洗漱收拾好吃完早饭后，纷纷骑上自行车去单位工作，孩子们则背上书包去子弟学校上学，号声吹响时马路上基本没有人了。号声也是学生们的铃声，谁如果这时候还在上学的路上，基本上就要迟到了。

下班号声吹响，厂区马路上又热闹起来，大人们又纷纷推着自行车回家，这时候俯瞰整个厂区好像进入了自行车王国。厂区马路边有电线杆，电线杆上安了喇叭，这喇叭里的广播内容就像厂区里的《新闻联播》，所有人下了班以后就开始等待喇叭里面的广播，国家发生了什么事情，工厂里有什么劳动竞赛……小小的喇叭是他们工作生活的陪伴。

韩利萍的父母都是单位的先进工作者，所以家里有许多的奖状和奖品。平时父母上班忙碌，韩利萍和两个妹妹就要帮家里做力所能及的事情，因此，从小就锻炼了动手能力，作为姐姐的利萍更是成了家里的小大人。

那时候家里还没有自来水，在厂区家属院有个公用的水管，中午12点开始供水两个小时，大人不在家时，利萍和妹妹就要去排队打水，但是因为水桶特别重，一个人提不起来，聪明的利萍和妹妹就找了一根特别长的木杆，两个人用杆子抬着，把水运回家。

上了初中，一放暑假，作为大孩子的利萍就要在家里给全家人做饭了。那个年代，做饭还在使用煤炉子，因为不熟练，用煤炉子生火就成了难题。有时候掌握不好分寸，捅来捅去刚点燃的煤块儿就被捅灭了，然后接着想办法，捡点儿柴火再把火生起来，在这个过程中自己慢慢地尝试，也就摸索出了经验。

以前不像现在一样物质条件丰富，孩子们吃的零食特别有限，厂区单位给用户运送货物的是一辆辆搭着绿色棚子的大卡车，这是厂区里少有的交通工具。产品车会去北京、上海，有时候大人们就拜托司机师傅捎回来一些饼干和奶糖。买回来后，大人们把这些零食都藏在柜子里，孩子听话或者在学校受到了表扬，大人们才拿几块儿饼干、抓几颗奶糖给孩子当作奖励。

利萍就在这个和谐有序的厂区大院里一天天长大。当年的长治清华机械厂还是军工企业，父母的工作内容都是保密的，利萍对爸爸妈妈的工作不是很了解，只知道他们是为国家国防建设做贡献的，只看见家里爸爸妈妈获得的各种荣誉，只听到爸爸妈妈常说"单位的事儿再小也是大事，家里的事儿再大也是小事"。利萍是工人的子女，在父母的教育感染下，她的使命感和光荣感特别强烈。

沉重的航天责任

韩利萍父亲所在的单位长治清华机械厂始建于1965年8月。2017年12月，为适应国家发展需要转型成为山西航天清华装备有限责任公司，位于山西省长治市，那是太行之巅上的革命老区，公司前身为黄崖洞兵工厂（抗日战争时期华北敌后八路军最大的兵工厂）。隶属于中国航天科技集团公司运载火箭技术研究院的大型机械装备制造企业，是国务院确定的重点保军企业之一。生产的运载火箭系列发射平台，分布于西昌、酒泉、太原、文昌四大发射中心，成功托举了长征系列运载火箭的一次次飞天。

长治清华机械厂作为我国航天地面设备研制生产基地，其重要产品是各系列火箭发射平台。20世纪90年代初，厂里正在进行

"长二捆"火箭发射平台的研制。

长征二号捆绑运载火箭（CZ-2E），简称"长二捆"，是一枚大型两级捆绑式运载火箭，在其一级外部捆绑有4个直径为2.25米、高约15米的助推器。"长二捆"运载火箭主要用于发射近地轨道（LEO）有效载荷，配以合适的上面级[①]，可进行中高低轨道、地球同步转移轨道等卫星的发射。

在"长二捆"火箭发射平台的研制中，滚道表面中频感应淬火是各种系列火箭发射平台研制生产的最关键工序，正是滚道表面薄薄几毫米的淬硬层承受了庞大的火箭质量和运转之力，长征二号火箭发射台滚道淬火以其庞大的身躯、复杂的系统，特别是不可预测的风险性，在国内同类技术中居于独一无二的地位。

1990年1月3日，数九寒天，室外滴水成冰，然而上框架滚道淬火现场灯火通明，庞大的工装（上框架滚道淬火所使用的专业设备）缓缓转动，感应器散发着幽幽的火光并伴随着均匀的响声。

厂区家属院中，已是高中生的韩利萍在认真地做功课，两个妹妹在并不十分宽敞的屋子里玩儿，窗户外面呼啸的风声没有间断过。听着两个妹妹的欢笑打闹声，她想到父亲和邻居叔叔阿姨们每天早出晚归，已经好几天没有见到父亲了。

单位里，热处理车间紧锣密鼓地做着淬火作业的准备工作。

[①] 上面级是多级火箭的第一级以上的部分，通常为第二级或第三级。上面级的作用介于运载火箭和航天器之间，既有自主轨道机动能力，在轨飞行时间又长，它一般可多次启动点火，满足不同的发射任务需求，可以将一个或多个载荷送入指定轨道，被形象地称为"太空巴士"或"太空摆渡车"。

此时，60多吨重、滚道直径10余米的大型重要部件淬火正在紧张地运行着，直接掌握感应器头的龙宜章老师傅的毛衣都被汗水浸透了。

淬火作业从晚上8点开始一直到夜里12点，上框架淬火一次便成功，在场的人幸福地欢呼跳跃⋯⋯厂区家属院的广播里接连传来振奋人心的好消息："'长二捆'火箭发射平台研制成功！"这是长治清华机械厂建厂以来拼搏攻关夺取胜利最关键的一仗。

1986年，美国和欧空局（欧洲航天局）火箭发射相继失利，国际商业发射市场出现了"真空"。于是，卫星制造商和运营商们又纷纷将目光投向了中国。而就在之前的1985年10月，当时的中华人民共和国航天工业部（简称航天部）正式宣布，中国进入国际航天市场。当时我国最大推力的长征三号火箭只能运载1.5吨左右的中型通信卫星。而此时，2.5吨以上的"大卫星"已经成为主流。因此，1986年底，航天部决定开始研制"长二捆"火箭，并迅速开始对外推广市场。1988年，我国和美国休斯公司草签了用长征火箭发射美国制造的澳大利亚通信卫星的发射合同，同年12月，"长二捆"火箭进入研制阶段。

我们都知道，无论要盖多高的楼房，牢固的地基始终是最重要的，而发射平台就是保证火箭发射安全的"地基"。为了让发射平台这个"地基"牢固，厂里几千名员工，身上像"长二捆"一样，紧紧地捆绑着国家使命、民族尊严，捆绑着政治风险和经济风险。最终，长治清华机械厂发挥了巨大的智慧、才能、力量和精神，打赢了"长二捆"火箭发射平台研制攻坚战。在研制过程中，厂里全体人员以强烈的进取心，把责任和担当扛在肩头，以工匠精神挑战极限，艰苦奋斗、顾全大局，积淀了深厚的航天精神。

大院人的"长二捆"

这段时间，厂区家属院热闹极了，人人都在说，家家都在谈，"长二捆"是厂区所有职工和家属的荣耀。

在子弟学校的物理课上，曾在厂里做过技术员的马清和老师正在给同学们讲航天的故事，班里的学生聚精会神，对老师讲的内容非常好奇。利萍也不例外，她听老师讲道："我们厂在既无技术资料，又无国内先例可借鉴的情况下，刻苦攻关，先后进行了12组大小试验件的上千次工艺试验，终于摸索出了一套最佳的淬火工艺参数，确保了一次成功，创造了这项奇迹。上框架轨道淬火一次成功，填补了国内超大型柔性滚道淬火的技术空白……"

也就是在那时利萍开始明白了，在父亲早出晚归，自己常常见不到他的那些日子里，父亲所在的单位为国家做出了如此伟大的事情。

利萍的脑海里闪过老师以前为同学们讲过的钱学森的故事，

闪过从前爸爸妈妈为她讲过的、也从大院广播中听到的我们国家白手起家、自力更生，造出中国第一颗原子弹、第一枚导弹、第一颗人造地球卫星的故事……

从小到大过那么多富有魅力、充满智慧的文字，可利萍觉得唯独"航天"二字特别。"航天，航天……"读起来是那么雄伟辽阔，让人充满了自豪感。

利萍拿着笔在本子上写下娟秀的"航天"二字，这是属于她的少女心事，像是与她隔了一层纱，散发着诱她深入的神秘光辉，让她从骨子中带有对它的痴痴眷恋。

利萍深深地为自己是航天人的子弟感到骄傲和自豪。此时的她，像是从生产车间里长出来的一颗小种子，在父辈呕心劳作精神的哺育下，破土而出、生根发芽，被时代的洪流推进着、茁壮成长着。

"长二捆"火箭发射平台要离开山西长治送往发射基地的那天，专列两旁站满了为这个"大家伙"送行的职工，利萍作为学校选出的优秀学生代表，系上腰鼓站在前排，她的腰板挺得笔直，脸上洋溢着骄傲的神情，双手用力地把鼓点敲得响亮、整齐，仿佛要把自己心中的自豪与骄傲全部倾泻出来。

看着列车缓缓开动，在场的人们都在向它挥手致意。想起在车间里夜以继日的研制工作，在场的职工纷纷流下了激动的泪水。

年少的利萍置身于这样动人的场面，感觉到冥冥之中有一股力量正在悄然感染着她、带动着她。

第二章　初入师门多磨难

 扫码解锁

◎群英颂歌◎传心创世
◎遨游星辰◎奋斗底色

师傅领进门

1990年，韩利萍迎来了人生的转折点，那时候的高考还处于"千军万马过独木桥"的状态。一个班里差不多50名学生，能考上本科、专科的加起来最多也不过十几人。参加考试和最终录取的人数形成巨大的反差，令人充满恐慌和焦虑。

韩利萍就读于厂区的子弟学校，班上很多同学不能保证自己一定能幸运地成为那一小部分的人，私下里都在盘算今后的去向。而他们之中，大多选择跟随父辈进入公司。当时普遍的情况是，城镇的学生一般参加招工参军，农村的回家务农，家里条件宽裕的则筹些本钱，弄个门面开个店铺，大抵如此。利萍是个非常坚韧、要强的孩子，她想上大学，不坚持到最后一刻，绝不轻言放弃。

高考结束，命运便千差万别。苦苦的煎熬中，1990年7月7日悄然来临，紧张焦灼的3天一晃而过。20多天后，高考分数公布。

20世纪90年代初，电脑尚未普及，互联网更是无从谈起，高考分数不是像今天这样在网上查询，而是由当地教育局公布。教育局起初是将所有上线的学生分数张榜公布，后改为发分数条。一张窄小的纸条上，分列着考试科目和成绩，那数字，可真称得上是命运的字符。

韩利萍和几个同学相伴早早地来到市教育局。还不到8点，教育局门口早已人头攒动。看着那黑压压的人群，韩利萍不知怎的喉头一紧。

几个老师模样的人出来维持秩序，大家不约而同地盯着他们的脸，似乎他们脸上写着高考成绩。

站在充满期待的人群中，韩利萍忽而大汗淋漓，忽而手脚冰凉，像得了重病。焦急的等待让人感觉时间似已停滞。

尽管韩利萍学习非常努力，可拿到分数条的那一刻，她还是失望了，结果并不尽如人意，她被无情地挤下了"独木桥"。

韩利萍眼里的光芒一点点消散，委屈和辛酸涌上心头，看着周围嘈杂混乱的人群，她默默地走回了家。她回到家后，父亲和母亲开导她许久，两个妹妹也过来安慰失落的姐姐。

韩利萍坐在窗前静静地听着广播，看大院里的人们脸上都充满了幸福与开心的笑容，她却一点儿也高兴不起来。高考失利的阴影在她的心里总是挥之不去，对于未来，她感到一片迷茫。此时她就像花园里的小树苗，看着同伴们花团锦簇，一朵接着一朵地蓬勃盛开，而她却开不出夏日的花。

不久，好消息传来，长治清华机械厂要面向社会招工了。

晚饭时，父亲把厂里要招工的消息告诉了韩利萍，但是进入厂里需要通过考试。此时，高考失利的阴影还笼罩在韩利萍的心头，本想继续复习一年再次参加高考的她迟疑了。韩利萍放下筷子，拉着父亲将厂里招工的事情从头到尾、仔仔细细地问了个遍。

父亲语重心长地跟她说："爸爸要事先告诉你，这份工作又苦又累，不然你是做不出成绩的。航天人特别能吃苦，特别能奉献，如果你没做好这样的准备，爸爸劝你不要去。"

韩利萍说："爸爸，我明白的。"

那天晚上，韩利萍整理书架时，看到自己以前的笔记本。她翻开本子，看到许久前自己一笔一画写的"航天"二字，回想起自己作为鼓号队的一名鼓手，欢送"长二捆"离开时的激动与自豪……霎时，有种莫名的情感涌上心头。

韩利萍躺在床上翻来覆去睡不着，她幻想着以后的日子，可能会穿上和爸爸一样的工服，和许许多多的航天人一样，把青春和热爱都奉献给航天事业，哪怕只做一颗能让火箭飞起来的小小的螺丝钉……

韩利萍刚结束高考不久，学习劲头还很足，再加上她从小在父亲身边耳濡目染，了解了许多工种的知识，备考的时候又非常用功，因此她顺利地通过了招工考试，成为一名铣工。

1991年4月1日，韩利萍去厂里报到的那一天，同为航天人的父亲亲自送她上班。

春日里和煦的阳光洒在父女二人的脸上，路边鲜花盛开，几只喜鹊在叽叽喳喳地叫着，仿佛在庆祝她即将踏上人生的新征程。韩利萍挽着爸爸的胳膊，一路上笑靥如花，她感觉自己的步履比平时轻快很多，浑身都是使不完的劲儿。

带韩利萍的师傅张建国跟父亲认识好多年了。父亲诚恳地对他说："孩子就交到你手上了，她也没什么技能，到你这里从头学习，有什么问题，该打该骂由你。"

师傅点点头，看着一脸懵懂的韩利萍微微地皱了一下眉头。当时韩利萍对这个皱眉并不理解。后来她才得知，一则铣工是一个既考验体力耐力，又考验智力的工种，车间里大都是男工，女工寥寥无几，也没有几个人愿意带女工。二则是跟自己一同进厂的基本上是技工学校毕业的学生。人家在学校里半工半读学了3年，有一定的基础。如果把新员工比作一群小鸭子，人家是已经下过水游过泳的小鸭子，自己则是一直在岸上的那只旱鸭子。

就这样，踏着父辈的足迹，高中毕业的韩利萍进入长治清华机械厂519厂成为一名铣工。

韩利萍入职的20世纪90年代，正是中国航天探索奥秘、加速发展的关键时期。进厂的第一天，师傅张建国就告诉韩利萍："要想当个好铣工，掌握这项技能，练就炉火纯青、游刃有余的本领，加工出合格的产品，可不是一朝一夕的功夫，需要日积月累，久久为功，不断下苦功夫。"

这个满脸青涩懵懂的女孩子，冲师傅信心满满地点点头，很有底气地告诉师傅："师傅，我记住了，我一定会好好努力的。"

此时的她像是飘在天空的一朵云，而铣床则如当空的皓月，清辉万里，云和月亮，忽然相遇了。无数的困难摆在她眼前，她和合格的"航天人"之间，还隔着很多的山、很多的水。

⊙ 1991年，韩利萍（左）当学徒工时期

玉不琢，不成器

虽然韩利萍没有一点儿基础，但她不怕吃苦，勤学肯练，做到了眼勤、手勤、脑勤。但想要使这个笨重的铣床听话，这可真不容易！

夏天，车间里没有空调。机器马达一开，铣刀高速旋转会产生巨大的热量。厂里的工人们按照操作旋转设备规程都得穿工作服和劳保鞋，扎好领口袖口，女同志还得把头发盘进帽子里，三伏天时，热得几乎每天都像在"洗桑拿"。

喜欢长发的韩利萍，为了工作方便，把头发剪短了，一戴上帽子，别人基本上看不到她的一丝碎发。冬天，按照操作规定，天气再冷也不能戴手套。暖和的手每每碰到冷冰冰的机器，都会感到钻心的寒冷。甚至在加工时，金属碎屑会不时飞离高速旋转的铣刀，一个躲闪不及就会溅到脸上、脖子上，烫出一个个小泡……

在车间里干一天活儿特别辛苦，有一次因为搬"铁疙瘩"，韩利萍的大拇指磕破感染了，手指肿得特别厉害。去厂区医院处理包扎好后，委屈的韩利萍回家就和妈妈抱怨。

可韩利萍的妈妈却对她说："现在正是吃苦的年纪，你不吃苦能学到东西吗？人生的路上，这是必然的过程，你想学技术，就不能像在家里那么娇气。到了工作岗位，你就要负起责任，遇到困难的时候不能退缩。"韩利萍点点头，记住了妈妈的话。

这些还都不是最困难的。由于没有上技校受过正规训练，韩利萍在机械方面的基础知识很薄弱，她是师傅带的同批徒弟里基础最差的一个。尽管韩利萍很用心地跟师傅学，但还是有好多不懂的地方，严苛的师傅又容不得她有半点儿马虎，挨训自然是少不了的。

刚开始工作时，她是整个车间的"小菜鸟"，工作时处处都是"拦路虎"。她吃过不少苦头，也没少哭鼻子，整个人都消瘦了不少。

可韩利萍坚决不退缩，她向车间的技校生借来了专业教材《机械制图》，从最基础的三视图开始学起，一点点琢磨。

为了弄清楚生涩的机械知识，她跟厂里的技术员学习，跟刚入厂的大学生学习，向身边的工友和师傅们求助……

有一次，单位组织青工脱产培训，韩利萍十分珍惜这次机会。那一个月里她如饥似渴地学习梳理了金属材料与热处理、公差与配合、铣削工艺等机械加工专业知识点，之前很多懵懵懂懂的困扰被理顺了，功夫不负有心人，理论知识的积累为她以后的进步打下了坚实的基础。

在最初的两三年里，韩利萍整天泡在车间里。为了把自己磨炼成一个操作能手，她没有时间像其他同龄的女孩子一样打扮自己，而是把业余时间都用在了学习上。

为了找到一个正确的刀具角度，她能在磨刀房里一钻一个下午；为了加工出一个合理的圆弧曲面，她站在机床旁边摇动手柄，一站就是几个小时；为了解决一个工件切削变形的问题，她会在操作中反复调整加工思路，直到变形最小为止。

有一次遇到操作难题，她向师兄请教零件该怎么做。师兄给她讲了一遍又一遍，讲了好久，可她还是不明白，最后师兄生气地说："韩利萍，你是不是笨啊！"面对嘲笑，韩利萍无奈地笑笑，只能央求师兄再讲一讲。

韩利萍始终憋着一股劲儿，对于加工中的难点，不懂的就向师傅、工友和技术员请教。她不怕被骂，父亲告诉过她，要学习就得有不弄明白不罢休的精神。就这样，韩利萍的加工技艺很快在同批进厂的人员中脱颖而出。

在自己的坚持和周围人的帮助下，韩利萍深信"玉不琢，不成器；人不学，不知道"的道理。她坚定地告诉自己，知识基础差不要紧，工作起点低不要紧，关键是要有进取精神，要有勇于学习先进技术的勇气。

土豆变钢铁

韩利萍所在的车间生产的航天产品零部件，精度要求非常高，极小的误差都可能造成航天重大的失败。

而一些重点零件的加工，时间进度非常紧张。从任务下达到完成，给韩利萍和同事们的生产周期也就是短短几天，否则就会影响下道工序的完成节点。

有一次，师傅让韩利萍加工一个工件，因为对图纸理解有误，韩利萍把图纸中的实线看成了虚线，错误的理解导致她做了一个错误的工件。师傅看到她做的工件，气得满脸铁青，直接把她做的工件重重地摔到过道里。

巨大的响声惊动了车间里正在加工其他零件的同事，顷刻间两旁同事的目光对准了韩利萍。

师傅自始至终一言不发，气呼呼地转过身继续干自己的活儿。韩利萍被晾在原地，狼狈极了，像一只犯了错的小猫孤零零地站在那里，羞愧难当，恨不得找个地缝儿钻进去。

工作的过程中遇到了困难，韩利萍回家也向妈妈哭鼻子。当时看不懂图纸，做错了工件被师傅训，她觉得很沮丧。妈妈知道后便对她说:"学技术是没有什么捷径的,只能靠练,别人能干的你也能干。熟能生巧,人家练三回就会了,你练上十回三十回,你看你会不会?"

听了妈妈的话,韩利萍不再哭了。她明白过来,也许师傅对她太失望了,他这重重地一摔,彻底摔痛了她,摔醒了她。工作是自己一辈子的事情,别人能干好,自己有什么理由干不好呢?既然选择了当工人,就要把自己的工作做到最好的程度。

有一天下班回家后,她在厨房里切土豆。一刀又一刀,韩利萍竟不自觉地把土豆切成了工件。

她拿着这个土豆在手中比画来比画去,终于笑了。接连几日紧拧着的眉心终于舒展开来。哦,原来如此啊!自己怎么能犯如此低级的错误呢?她终于明白了,师傅的一言不发,是在考验她,想让她自己沉下心来,找出错误的地方。

那半年中,韩利萍家里最多的菜便是土豆,每到歇班休息的日子,她便跑到市场买一大袋子土豆,而且是大个儿的。遇到图纸上看不懂的地方,她就会拿自己家的土豆来切,有的是土豆阀体,有的是土豆弧面,有的是土豆阶梯孔……这是一个笨办法,也是一个很有效的好办法。这个众人眼里的"笨姑娘",凭着一股子不服输的倔劲儿,终于把一个个坚硬的铁疙瘩变成了一件件精细完美的工件。

韩利萍的生活单调而热诚,土豆在她的掌心里翻滚,变成了塑性和韧性极强的灵巧工件。一块块冷峻的钢铁在铣床上不断接受着铣切，冬天车间窗缝中跑进来凛冽的风扑打着韩利萍青春的面孔。她用自己二十几岁的踏实、肯干，把那些冷冰冰的铁疙瘩，铣切成了国家工业进步的一砖一瓦。

细节决定成败

20世纪90年代，中国航天发展的进程并非一帆风顺，航天发射过程中出现了一些失利。

有的是由微量铝质多余物导致，有的是由一个小小的密封垫失效导致，有的是由一个电器元件失效导致。接连的失误带给航天人巨大的打击，但也因为种种失误，使得航天人从中总结出至关重要的经验。

"颗颗螺钉连着航天事业，小小按钮维系民族尊严。"

有时一个人的某次漫不经心，就会产生巨大的危害，一个人的工作态度不仅关系个人前途，而且事关厂所荣辱，甚至是战士的生命、国家的安危。

师傅们经常告诫徒弟，航天是一个庞大而复杂的系统，哪怕是一颗小螺丝钉、一滴胶水、一个多余物……都可能导致任务的失败。任何细微的疏忽，都可能导致惨痛的代价。在师傅的言传身教下，韩利萍将"严慎细实"的观念融入血液。

基础的机械知识掌握熟练后，后来的好几年，韩利萍又借来专业书籍，开始逐字逐句学习《机械基础》《机械制造工艺学》等书籍上的专业知识，不懂她就向师傅和同事们请教，不会她就一点点地练习操作。

为了把倒角刀①和内R铣刀②磨标准，韩利萍捡来报废的刀具去砂轮上一遍遍练习磨削角度，手经常被磨破，伤口就像蜂窝煤一样，不断有血流出来，钻心地疼，但是她顾不了那么多，用棉纱一缠继续练习。这样的苦，就连厂里的男工都忍受不了，更何况是韩利萍这样细皮嫩肉的女孩子。每当这个时候她就会想起母亲曾经跟她说过的话："不吃苦是学不会的……别人能做好你也能做好！"于是她便咬咬牙继续坚持下去。

铣工还得掌握一项技能，那就是加工圆弧。操作时，一个运动轴开自动挡，另一个运动轴就得靠操作手柄同步跟进，这需要熟练的肢体协调能力，稍有不慎，弧度不对，工件就报废了。高手一两次就能完成，可韩利萍这个"菜鸟"得重复很多次。为了刀具进给时保持稳定，一次需要匀速保持姿势十几分钟，可这样常常使整个手掌连同手臂都酸痛僵硬无比。

在师傅眼里，韩利萍是个倔姑娘，看到她瘦小的个子站在铣床前，一次又一次地举起沉重的铁块儿，师傅心底里满是心疼。

---

① 倒角刀是五金加工使用的一种倒角工具，可以倒圆孔和倒异形边。按照刃数可以分为单刃倒角刀、三刃倒角刀和圆孔倒角刀；按照度数可以分为60度、90度和120度倒角刀。

② 内R铣刀一般适用于铝合金、铜、铁等倒内角，内R铣刀加工具有光洁度高、不起毛边等特点，是制作模具及手板模型常用的CNC铣刀。

她受的苦师傅都看在眼里、记在心上。师傅知道，韩利萍是个好苗子。

师傅告诉韩利萍，练习稳定的手感没有诀窍，就是要多练，就像乒乓球运动员一样，要练成肌肉记忆。通过苦练技能，韩利萍学到了师傅很多的绝招绝技，也摸索出自己的一套成熟的经验，技能水平也逐渐得到了大家的认可。

在车间里，韩利萍渐渐懂得了"细节决定成败"在航天领域的重要性，"航天质量是政治、是生命、是效益"。她把每一次在铣床前的操作看得比什么都重要，站在铣床前就像进入了另一个世界——一个只有高度投入、专心致志的世界。

如果说这台铣床是个怪兽，那她就是战胜怪兽的英雄，用她的真诚与血汗去征服它。而她那粗糙的并不美观的手，就是用来嘉奖英雄的勋章。

第三章　初识数控勤钻研

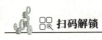

扫码解锁

◎群英颂歌◎传心创世
◎遨游星辰◎奋斗底色

榜样的力量

每个人心中都有自己的榜样，韩利萍也一样。小时候的韩利萍经常听老师讲钱学森先生的故事。钱学森从少年时代起，就热爱祖国、热爱科学；后来到美国留学，经过努力奋斗，在美国有着很高的名气并且可以享受优越的生活，然而他始终心系祖国。毅然决然放弃了优厚的待遇，经历了重重险阻，回到了祖国的怀抱。钱学森作为中国航天科技事业的先驱和杰出代表，被誉为"中国航天之父"和"火箭之王"。

从小到大，韩利萍一直把钱学森先生当作自己学习的榜样。后来走上工作岗位，她心中又多了很多的榜样。每当有重大紧急的加工生产任务时，看到身为党员的同志肩负重任冲锋在前，她便对"党员"这个身份充满了敬佩和向往。

韩利萍的师傅张建国也是一位老党员，参与生产研制过许多重大系列任务的攻关，是厂里的劳动模范。那个时候，工人的工资和他们付出的劳动并不成正比，许多人为了生计选择下海创业，可张建国坚守在自己的岗位上几十年如一日，从没想过离开。在大家眼中，这位老师傅热爱岗位、技艺精湛，是所有人学习的榜样。

"当好铣工，可不是一朝一夕的功夫，需要日积月累，久久为功。"师傅张建国这样叮嘱韩利萍。韩利萍谨遵师傅的教诲，努力着，奋进着。在她心中，师傅就是自己的榜样，技艺精湛、担当奉献，师傅的样子就是她对共产党员的最初认知，这认知深入心底。

党员的分量在她心中越来越重。在"把业务骨干培养成党员，把党员培养成业务骨干"的双培养方针下，韩利萍苦练技能，向党组织靠拢，郑重地向党组织递交了入党申请书。

自幼耳濡目染的航天故事触动着她，前辈们炉火纯青的操作技能和勇于奉献的精神鼓舞着她。一年，两年……韩利萍在工作上精进技能，在思想上追求进步，努力地上进着。

最初的铣工经历为韩利萍日后的技术创新打下了坚实基础。1999年底，随着国家航天制造业数字化制造技术的推行，长治清华机械厂引进第一台数控铣床。为了尽快掌握新技术，韩利萍首先报名学习数控铣床技术，她要做厂里第一批"吃螃蟹"的人。

数控铣床是一种用数字化代码作为指令，由数字控制系统进行处理，实现自动控制的机床。是综合应用计算机技术、自动控制、精密测量和机械设计等领域的先进技术成就制造的一种新型自动化机床。它的出现和发展，有效地解决了多品种小批量生产精密、复杂零件的自动化问题。

20世纪60年代，我国开始研制数控机床，可由于当时对数控机床特点、发展条件缺乏认识，在人员素质较差、基础薄弱、配套条件不过关的情况下，曾三起三落，最终因为表现欠佳，无法用于生产而停滞。

而20世纪80年代后，我国从国外先后引进数控系统技术并开展合作、合资生产，解决了可靠性、稳定性问题，数控机床正式在我国生产并投入使用，并且开始迅速发展。

数控机床是一种高度自动化的机床，零件加工完全按照编制的零件加工程序自动进行。数控机床能同时进行粗、细加工，既可以进行大型切削量的粗加工，以获得高效率，也可以进行半精加工、精加工，以获得较高的加工精度。这就要求数控机床具有大功率和高精度。

并且数控机床的主轴转速和进给速度远高于同规格的普通机床。高速度是数控机床的一大特点，高速化的趋势在中、小型数控机床上尤为明显。数控机床能够在高负荷下长期无故障工作，因而具有可靠性。可靠性对于组成柔性制造单元（FMC）和柔性制造系统（FMS）的数控机床尤其重要。

因此，普通机床的机械结构已经无法达到数控机床的需求。数控机床虽然也有普通机床都有的床身、立柱、工作台、导航、主轴箱、刀架等主要部件，但在设计上已经发生了重大改变。而且，随着数控系统的发展，数控机床的机械结构也在不断改进。

紧跟着我国航天制造业数字化技术的脚步，长治清华机械厂开始装备数控机床。当时，数控机床的应用在国内尚处于起步阶段。

⊙ 1999年，韩利萍成为首批数控操作工

厂里号召工人们积极探索学习，主动报名学习使用数控机床。

此时车间的工人们对于数控机床这个新鲜机器还一无所知，不敢轻易尝试，纷纷打起了退堂鼓。韩利萍却第一个申请报名，她说："我要学习，要不断进步，要迎接新的挑战。"周围的同事纷纷向她投来了佩服的目光，在他们眼中，韩利萍是第一个敢于"吃螃蟹"的人。

如果要问韩利萍是哪里来的勇气想要当第一个"吃螃蟹"的人，也许是围绕在她身边的那些榜样的力量，也许是她那颗积极进取、主动学习的心，也许是她用十年脚踏实地的技术钻研换来的底气。

学习从抄书开始

2000年，翻开新世纪的篇章。我国自行研制的第一颗导航定位卫星"北斗导航试验卫星"成功发射。国家政治、经济、工业日新月异，进入快速发展时期，人民生活水平不断提高。

对韩利萍来说，既然已经报名学习数控机床，就要把这项技术学好，可想要掌握这项新技术必定要经历重重困难。她一头扎进了这个先进的未知领域，起步的艰难不言而喻。在这种情况下，厂里下达了三个月就要出成果的任务通知。

　　一开始学的时候，韩利萍什么也不懂，感觉处处都是"拦路虎"。她像是一下子回到了刚进入厂里时操控不好铣床、看不懂图纸、苦闷心酸的那段日子，而这也是她职业生涯中最为关键的一次挑战。

　　数控机床可实现多工序合并加工，在这之前韩利萍积累了近十年的普通铣床的操作经验只是其中一部分，一切都得从头再来，只是看图纸这一项就不知道复杂了多少倍，操作时不仅仅需要铣工技能，还需要掌握其他工种的技能，要会钻会镗。更重要的是，需要掌握整体工艺的能力，有的产品从毛坯到成品需要在一道工序中完成。

　　时间紧任务重，韩利萍只能边学习边摸索。在那个年代，数控机床应用在国内还属于起步阶段，想找到一本专业的教材都很困难。当时有个同事托人从北京买来一本关于大隈系统编程的书，对数控机床的初学者来说这本书可是个稀缺宝贝。厂里报名参加数控机床技术学习的同事都争相来借，没几天，崭新的书就被翻掉了皮。

　　白天同事都要看，捞不着看的韩利萍就想到了晚上，下了班，韩利萍就向同事把这本"宝贝"借回家里。吃完晚饭，韩利萍就坐在书桌前开始抄，她用了三个晚上的时间，硬是将这本250多页的书一字不落地抄了下来。

　　这本书里有许多用英文和数学字符表示的代码、编程字符、坐标系图……一大串一大串的字符让人看起来就头痛，更别说把它们一点儿不差地抄下来了。

中午吃饭时，韩利萍把"手抄本"放在饭盒旁边吃边看。同事们问韩利萍："书里这么多复杂的代码，你是怎么抄下来的？你会不会抄错呀？"韩利萍确定地跟同事说："一点一点抄，我检查了好几遍，肯定没问题。"

这个手抄本从此就成了韩利萍学习数控机床的"导师"。有了这位"导师"仅仅是开始，韩利萍还要照着书上的内容，一点一点把这台机器摸索清楚。

可光有书还是不行的，对于书上写的宏程序的逻辑问题，她反复研究后还是一窍不通，摸不着门路。厂里的同事告诉她，长治职业学院有老师专门研究这个问题，可以去请教学习。

从此韩利萍每周都找一天时间去职业学院进行学习，当时从厂区到职业学院没有公交车，她骑自行车来回需要两个多小时。在她虚心向老师请教后，问题一个接着一个被她弄清楚了。

从熟练地记住程序结构的代码表，将坐标系结构命令烂熟于心，到进给操作和刀具工件的基础操作，再到结合加工的零件实际编程和宏工程的指令编程加工。实际操作远没有书上写的那么简单。韩利萍就凭着一股子韧劲儿没白天没黑夜地潜心钻研，从一开始站在一个普通机床前，到如今站在这台先进的数控机床前；从逐字逐句写指令代码，到宏程序应用再到系统变量开发……数控加工技术的"神秘面纱"终于被韩利萍一层一层地揭开了。

睡梦中的姥姥

仅仅用了3个月的时间，韩利萍已经能够熟练操作数控铣床。相比之下，普通铣床的工作效率要落后很多，终将被淘汰，而厂里掌握新技术的人又少得可怜。为了提高工作效率，厂里需要全面引进数控机床，与此同时也要尽快培养一批能够操作数控机床的工人。

作为厂区里为数不多能操控数控机床的工人，带徒弟的任务自然就交到了韩利萍手上。她感觉到前所未有的使命感，肩上像是压了一副沉甸甸的担子。

俗话说，要给别人一碗水，自己至少得有一桶水。对于数控铣床，只熟练操作是远远不够的，还要精通数控理论、数控编程、数控工艺技术。

为了教会徒弟、教好徒弟，韩利萍对自己提出了更高的要求。她每天要学习的东西更多了，同时还得在实践中不断总结创新。在这种情况下，韩利萍又开始了早出晚归、把自己奉献给单位的生活。

那一年，韩利萍30岁，女儿5岁。她的丈夫马文彬是单位技术员，同样忙碌，同样一周上六天班，有时去基地出差几个月都很难回来。

而此时，韩利萍的父亲患脑血栓已经4年多，需要母亲照顾。一边是丈夫，一边是外孙女。照顾病人、看护孩子的任务都落在已经上了年纪的母亲身上。为此，韩利萍常常感到无比愧疚与难过。

母亲对她说："萍儿，你放心去学习好了，把孩子放在我这里你还有什么不放心的呢？"

想到母亲要一边照顾父亲，一边拉扯女儿，每天还要腾出空来给忙碌的自己和爱人做一口热乎饭……母亲一把年纪了，家里的大事小事仍然需要她亲力亲为、事事操心……

韩利萍鼻头一酸，感激地望着母亲，说不出一句话。这么多年来，任劳任怨的母亲是她最可靠、最坚强的后盾。

白天韩利萍既要完成厂里的生产任务又要带徒弟，有时候遇到紧急生产的零件还要加班加点。她像一只陀螺，无法停下自己高速旋转的脚步，她记不清有多久没有在黄昏时陪父母去散步了，也记不清有多久没有陪女儿一起玩耍了。时常她回到家里，女儿已经睡了。第二天女儿还没起床，她又早早上班去了。

有一天晚上10点多，韩利萍才下班回家，女儿已经早早地进入梦乡了。她换了衣服，上床去抱熟睡中的女儿，她抚摸着女儿粉嘟嘟的小脸蛋，脸上露出疲惫又欣慰的笑容。

只听女儿在睡梦中隐隐约约地叫着，不是"爸爸妈妈"而是"姥姥"。听到这声"姥姥"，韩利萍的眼眶一下子就红了，她轻轻地在女儿额头上落下一吻。给女儿盖好被子，悄悄地在女儿耳边说："等妈妈忙完这段时间，一定好好陪你！"

勤学苦练抢任务

2003年，韩利萍和同事们的数控加工水平整体还停留在手工编程阶段，应用CAM软件编程还属于起步阶段。

随着工艺水平的不断提升，某系列产品关键件定位本体的工艺攻关，直接关系到数控设备利用率的提高和系列产品的质量。

该零件是机构中承担承载和起竖作用的关键件，材料为大型复杂铝锻件，由多种复合曲面组成，且深型腔结构较多、铣削难度大，多处斜角、斜边、曲面都有着近乎苛刻的尺寸控制要求，按照以往传统加工方法需历时几个月、三十几道工序、多工种协作完成，工期长、加工质量不稳定，严重制约加工进度。车间决定应用先进的数控自动编程CAM技术进行生产。

任务分配到韩利萍班组，面对挑战，他们花了半个月的时间，在对原有工艺充分消化剖析并突破的基础上，经过对零件的几何形状、空间尺寸、曲面结构等工艺特点进行了综合分析，从三维模型建模做起，将工艺思路、切削参数和基准转换等工艺要素融入软件编程设置中，在后置处理中综合考虑切削参数、加工

⊙ 2003年，韩利萍（右四）和同事们一起攻克项目难题

路线等因素，并在进退刀、型腔拐角处进行优化处理，有效攻克曲面驱动构建烦琐、刀位点干涉碰撞和铣削矢量累积误差等一道道难关，经过对生成的程序反复检查校对，并在缩比件进行验证切削，最终终于攻克了这一难题，一次交验合格率100%。

此次历经两个多月的夜以继日的不懈攻关，是工厂首次应用CAM软件完成大型复杂零件的成功案例，原先需3台普通设备、两名机加技师和1名钳工技师同心协力耗时半个月才能完成1件，质量还难以保证的关键件，现在只需1台数控加工中心1名中级操作工用4个班次就能完成，工效提高了8倍，质量得到了有效保证，同时节约了人力和设备资源。

交验产品的那几天，韩利萍和同事们很忐忑，心里暗暗祈求各项尺寸千万别出问题。他们知道，零件加工要素繁多，关键工序尺寸精度要求高，空间位置形位公差要求高，这些都会直接影响交验的合格率，这次是首次应用软件编程，团队经验不足，这些都可能影响产品的最终合格率。

几天的检验结束后，检验人员高兴地对他们说："恭喜你们，合格率100%！历时两个多月攻关，你们完成了26个关键控制要素创新攻关，这是工厂首次探索大型复杂铝锻件CAM软件编程的成功案例，具有里程碑的意义，你们辛苦了！"同事们悬着的心终于放下来，脸庞上也终于露出了几分喜悦的笑容。在韩利萍和同事们的努力下，后续产品实现了多个批次一次交验全部达到合格率100%的佳绩。

数控铣削工序在生产现场是关键的一道工序，起到承上启下的作用，任何的滞后都会影响整个生产进度的节奏，"抢任务"是韩利萍和同事们的生活常态。

"抢任务"是行业里的老话，某些工件的加工难度大、生产周期短，为了尽快做出紧急需要的工件，韩利萍经常和同事们24小时"连轴转"。某系列发射平台的减速器结构中的壳体零件调质硬度很高，在圆周上分布着数十个细长孔，工艺上对相邻孔孔径、孔距、圆柱度和位置度都有着严格的要求，是典型的长径比超过10倍的难加工产品。

以往的加工瓶颈是在螺旋铰刀退刀过程中，缠绕在刀肩部分的团状铁屑会划伤上部分孔的表面，造成孔内表面拉伤。随着铰刀导向部分的磨损升级，孔口部分超差现象严重。

面对加工中出现的种种问题，韩利萍优化工艺，设计翻转工装上下部位分段加工精准定位、半精加工铣刀修正和渐进式刀具补偿加工等方式，进行切削试验，小孔、深孔的加工最考验人的耐性，有时到了下班的时间，加工步骤进行过半，不可能停机离开，只能等机床加工全部完成才能下班，这种状态是数控铣削工序的常态。

从上班的那天起，韩利萍和同事们就像师傅张建国这一代的师傅一样，每人在工具柜里放一个搪瓷饭缸，有紧急任务的时候，为了节省时间，就直接在车间吃住。在车间里，除了一台台的机床，最多的就是长板凳。从粗加工到精加工，反复繁杂的

"切削"过程，很容易让师傅们感到疲倦。而铣床加工时又需要时刻保持高度的专注，实在困了，便直接躺在车间的长板凳上，把工服脱下来一盖，几分钟的时间便可以补足精神继续去工作。

在师傅张建国的带领下，韩利萍和同事们凭借着自身强大的专注力和出色的专业能力，成功地完成了一批又一批的工件。他们也在长时间的配合下，达成了深厚的默契。

那些和同事们相互鼓励攻克难关的日日夜夜，困难和艰辛不言而喻，师傅们每一次操作时专注的神情、每一次切削的娴熟姿态以及"铁疙瘩"在与铣床碰撞中迸出的每一朵火花，都定格为一幅幅照片，永远深深地印在了韩利萍的脑海里。

在后来的加工生产中，韩利萍总是和徒弟们强调："作为一名技术型工人，生产经验的积累、技术的成熟，都需要在实操的过程中不断验证，没有捷径、没有弯道，只有踏踏实实做好每一道工序，举一反三，才能融会贯通，不断进步。"

这既是父母在家里经常嘱咐她的经验之谈，也是师傅张建国在每一次实操中对她的教导，更是她在探索和学习中悟出来的、无数次验证过的"真理"。

韩利萍永远不会忘记，进厂的第一天，师傅告诉她的那些话："想要掌握铣削这项技能，练就炉火纯青、游刃有余的本领，加工出合格的航天产品，可不是一朝一夕就能实现的，需要日积月累、不断下苦功夫。"

作为首批数控操作工，韩利萍先后学习并且掌握了FANUC

（数控机床车间里常见的数控机床程序，其操作面板简洁易懂）、大隈（日本数控机床操作系统）、SIEMENS（西门子数控机床操作系统）和海德汉（德国海德汉公司研发的数控机床操作系统，以高精度、高效率及高性能闻名）等多种数控系统编程操作。后来韩利萍坚持不断深入研究探索，又学习掌握了CAXA（国产数控机床编程软件）和UG（三维制图软件）软件编程应用技术，从操作三轴、四轴到熟练操作五轴机床。

　　这些年来，韩利萍几乎没有给自己放过假，加班熬夜看图纸、查找大量的资料、请教师傅是她工作的常态，单她练习切削的废工件加起来都有几十吨重。

　　通过不断下苦功夫以及在理论和实践中不断学习验证，韩利萍从一无所知的数控"菜鸟"逐渐成长为一名精通操作、编程和工艺的复合型高技能人才。

第四章　初担重任竭心力

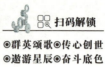

扫码解锁

◎群英颂歌◎传心创世
◎遨游星辰◎奋斗底色

204数控铣班组的组长

通过几代人几十年来不断地潜心钻研、刻苦探索，2005年，工厂的研制产品发展进入生产产出关键期。

这也意味着，作为铣工，韩利萍和同事们将要生产难度更高、结构更复杂的工件，而他们也将要为此倾注更多的时间和心血。攻坚阶段，班组面临品种多、任务重、周期短的巨大生产压力。为了提高加工效率和合格率，车间决定成立新的数控加工班组。

因为个人能力突出，这一年韩利萍临危受命成为新组建的204数控铣班组的组长。最初组建时，这个年轻的班组一共30余人，真正经验丰富、技术手法娴熟的骨干只有5个人，新员工占绝大多数，韩利萍这个班组长的压力不可谓不大。

韩利萍是厂里为数不多的女性技术工人，更是少有的理论知识和实操功底都十分深厚的铣工。从1991年进入厂里成为师傅眼里"最差"的徒弟，到现在成为一个班组值得信赖的"主心骨"，这是韩利萍十几年如一日努力的结果。从带徒弟到如今肩负起一个班组的重任，韩利萍既感觉到自己的能力得到了肯定，同时又倍感压力。

　　在班组，韩利萍就像是大家开展生产工作的一个标杆，是"定海神针"。说起韩利萍，大家是打心底里信任她、佩服她。大家常常讲："只要韩师傅在，我们就踏实。"

　　在生活中，韩利萍还是大家的大姐姐，私下里大家都亲切地叫她"萍姐"。韩利萍喜欢笑，她笑起来特别阳光，她常把"笑一笑，十年少"挂在嘴边。她就是这样，像是一棵生在岩石间的向日葵，渴慕阳光，向上生长。

　　但面对工作，韩利萍却是个严厉的师傅，她常说一句话："我们的工作最重要的就是严谨与专注，不会不要紧，要踏实肯干、勤学苦练。"刚进入厂区工作的年轻人都为自己能成为韩利萍的徒弟而骄傲。在他们眼中，师傅说一不二，多么难加工的工件到了她这里，都会被她一点点地切削出来，她经手的每个批次的产品都能保质保量。

　　令徒弟们记忆最深刻的就是师傅常常跟他们分享的一组公式——"1.01和0.99法则"：

$$1^{365}=1$$

$$1.01^{365}=37.8$$

$$0.99^{365}=0.03$$

　　韩利萍告诉徒弟们，即使每天选择进步那么0.01，365天后也会获得37.8倍的回报，远远大于1。差别不大的0.01不可小觑，微小的勤奋只要坚持下去也会成就非凡，微小的惰性日积月累亦会导致巨大的失败。

⊙ 2005年，韩利萍（前排中间）成为班组长

这些年来，韩利萍言传身教，为单位和国家数控铣床工业培养了许多人才，她的徒弟和她一样踏实、认真，在自己的岗位上发光发热。

韩利萍的师傅张建国是厂里的老劳模，后来厂里的同事问张建国："你向来眼光高，韩利萍是当时进厂工人里水平最差的一个了，还是个女孩子，你当时怎么会选择留下她呢？"

用张建国的话说，韩利萍虽然是所有的徒弟中基础最差的，可她比谁都"轴"，靠着身上的这股韧劲儿，她每天让自己进步0.01，日积月累，才让自己在这一行渐渐崭露头角。

张建国从一开始并不看好自己这个小徒弟，到退休时把自己从业几十年所做的一些工件装备都留给了韩利萍，它们是张建国的职业生涯见证者，也是他职业技术水平的代表。韩利萍手中握着这些"宝贝"，心中有种沉甸甸的力量在悄然萌发。刚进入车间工作时徒弟就是一张白纸，师傅和徒弟一对一地教学，师傅是什么样徒弟就学什么样，而韩利萍用自己的实际行动和刻苦钻研继承了师傅的衣钵。

如今技术在不断进步，劳动强度也在减小，当年师傅的一些绝招绝技到今天可能被新的装备所替代。随着智能化对制造业的不断赋能，现有积累的这些经验在未来可能也会被替代，唯一能够传承下去的，是作为一个航天人热爱祖国、以国为重、无私奉献的职业精神。

一个人一生中能够完成的事情是很有限的，只有专注才能让自己变得足够优秀。如今，韩利萍肩上有了更重的担子，她不仅要专注于自己技术能力的提升，还要将自己从师傅身上学到的宝贵知识和精神财富传承下去，带领204数控铣班组这个小集体共同进步，努力完成好生产加工任务。

带领班组出绝活儿

2005年，长治清华机械厂接受了重点产品的研制任务，很多关键任务的数控工艺攻关任务下达给韩利萍所在的204班组。

任务就是命令，现场如同战场。任务下达后，韩利萍带领204班组信心满满地开始了热火朝天的生产研制工作。可不久后，班组人员在导滑轨的量产加工方面碰到了一个巨大的困难。

滑块是该产品的核心工件，由于该产品材料是典型的难加工材料，金属去除余量大、易变形，关键加工部位由空间特征要素组成……前期整理分析的难点要素就高达40余项，是一块儿难啃的"硬骨头"，关乎着整个部件装配精度的成败。

车间要求韩利萍尽快带领全体班组成员先后做出滑块的初样、试样产品，可就在初样、试样产品的加工阶段，仅加工1台套就用了近3个月的时间，按照这个进度，想要在给定的期限内交付产品几乎是不可能的。

除此之外，还面临着产品加工材料不足、控制零件变形、解决形状复杂、编程烦琐等一系列的问题，重重困难像一座座大山摆在了班组面前。面对挑战，别无选择。韩利萍和整个班组成员集思广益，一起研究能够实现导滑轨量产的办法。

有一天早上，班组里的成员来上班，失落地跟大家说："我昨天晚上梦见咱找到办法了，结果睡醒了就给忘了。"惹得大家哭笑不得，纷纷调侃他记性不好。

导滑轨不能实现量产的关键问题，在于该产品的组成零件。导滑轨关键零件的承弹口部分是由3个空间相交的斜面组成的，这种零件通常在五轴联动数控机床上加工。

五轴联动数控加工主要是指在一台机床上至少有五个坐标轴（即三个直线坐标和两个旋转坐标），而且可在计算机数控系统的控制下同时协调运动进行加工。加工中心有高效率、高精度的特点，工件一次装夹就可以完成五面体的加工。若配以五轴联动的高档数控系统，还可以对复杂的空间曲面进行高精度加工，更能够适应像汽车零部件、飞机结构件等现代模具的加工。

五轴联动数控机床系统是解决叶轮、叶片、船用螺旋桨、重型发电机转子、汽轮机转子、大型柴油机曲轴等加工的唯一手段。它是一种科技含量高、精密度高、专门用于加工复杂曲面的机床，该机床系统对一个国家的航空、航天、军事、科研、精密器械、高精医疗设备等行业有着举足轻重的影响力。五轴联动机床的使用，可以让工件的装夹变得容易，加工时不需要特殊夹具，降低了夹具的成本，避免了多次装夹，提高了模具加工精度。

可是当时厂里还没有引进这种机床，市面上一台五轴联动数控机床的售价高达400多万元，这让班组成员想都不敢想，立即打消了使用五轴联动机床的念头。

在现有的生产条件下，运用班组现有的三轴机床的三维加工方式，可以完成这个复合空间型面的加工难题，但如何把握该零件的确切精度又令整个班组陷入了困境。

韩利萍作为数控铣工班组组长，负责重要零部件的研制生产。面对这块儿难啃的"骨头"，她只能顶着压力，带领整个班组，硬着头皮想办法。

那段时间，没有节假日，无特殊情况不能请假。大家常常为了一个角度的调整、一个尺寸的变形控制、一个程序的最佳轨迹的优化改进而通宵工作。班组里年轻的成员还好，实在撑不住的后半夜就在车间里的凳子上睡几个小时，天亮了再接着干。

有的时候班组里的成员下白班走了，韩利萍还继续坚守岗位，夜班有什么需要解决的问题，她都在解决以后才回家。韩利萍也有家庭需要照顾，同时还要照顾组里的这些年轻人，这让班组的同事们都特别感动。

在韩利萍的带动下，204班组里没有一个人掉链子，那段时间班组成员可以说是"抛家弃子"，专心致志地投入车间生产。不知道熬过了多少个通宵，经历了多少次失败，他们终于从关键工序入手突破了生产瓶颈，通过工装改进、刀具参数优化和大量程序验证，将一个个工艺思路通过一次次试切变成了可行的工艺方案。

在为期一个月的努力下，他们研制出了"承弹口操作三步法"，通过"三步走"的策略动手设计制作了专用的工装夹具，配合主轴的旋转功能，完成了第一步——解决了复合角度组合和零件装夹的问题。为了解决三轴机床主轴旋转后因为没有刀尖跟随功能，不能带刀补的问题，他们应用软件将刀具补偿值直接纳入空间坐标点计算中，完成了第二步。最后，他们应用宏程序编制变量程序完成了第三步——解决了复合型面加工余量的分层切削问题。

通过"承弹口操作三步法"的生产加工策略，他们在没有五轴联动数控机床的生产条件下，完美地解决了导滑轨不能实现量产的问题。并且在研制过程中，他们将薄板零件变形控制、程序补偿法、"高转速、小切深、大进给"等高速切削理念融入生产，大大提升了导滑轨的生产效率。

"三步法"有效突破了导滑轨的生产瓶颈，在三轴机床上实现了五轴机床的加工功能，更重要的是这种生产方法为后续该系列产品多种类似零件的加工提供了宝贵的成功经验。

都说强将手下无弱兵，这个年轻的班组完成了制约生产进度的瓶颈难题，打了一场漂亮的攻坚战，创造了加工质量多年持续稳定的奇迹，得到了用户的高度评价。

班组充分发挥了团队作战优势，当月生产能力就提升到月产3台套，创造了年产36台套的奇迹。在规定时间完成任务的同时，他们还不断提高产能，最终实现了年产48台套产品的预想，为提前交付产品奠定了坚实的基础。

对于处于一线的精密产品加工者来说，交付产品还不是最终的成功，合格率才是检验他们工作成果的终极标准。

更让人出乎意料的是，这批产品一次交付合格率是100%。那天，团队的成员们紧紧地抱在一起，激动得又哭又笑。而后他们在加工过程中所创新的生产方法成功申请了两项专利。

整个团队的研制生产能力得到了厂里的高度肯定，为表扬204班组做出的突出贡献，他们被评为当年厂里的"金牌班组"。

韩利萍说，绝活儿往往是被"逼"出来的，攻关的同时，不仅可以感受激情燃烧的快乐和加工精品带来的喜悦，还有效促进了工匠自信心的建立。

工作中的韩利萍是细微的、专注的、精益求精的。更难能可贵的是，她似乎永远保持着一种对知识的渴求感、旺盛的学习力和大胆的创新力。在韩利萍的带领下，他们这个团队沉下心来，稳中求进，用最沉稳的姿态去做最大胆的事情，这不仅仅是个人意志的体现，更是整个团队踔厉奋发，拼出来、干出来的。

家里有我呢

韩利萍终究不是面面俱到的女强人，工作上取得巨大成就的同时，也忽略了家里。2005年那段时间，因为那批急需的产品，韩利萍在单位里忙得焦头烂额。正当他们讨论零件的编程时，韩利萍接到了女儿学校老师打来的电话，女儿在学校发烧了。韩利萍只能暂时放下手里的工作去接女儿。

见到妈妈，女儿立马钻进韩利萍的怀里说："妈妈，我好冷啊！""妈妈带你去医院，看完就好了。"韩利萍看着女儿红彤彤的小脸，用手去摸女儿的额头，烫得吓人，让她满是心疼。她立马抱着女儿去医院，到医院一量体温，女儿已经烧到39℃多，得赶紧打针退烧。

本以为女儿只是普通的发烧，可第二天起来，韩利萍却发现女儿身上起了密密麻麻的红疹子。没有经验的韩利萍被吓了一跳，赶紧叫母亲过来看。带过三个孩子的母亲有经验，先是发烧又是出疹子，八成是要发水痘，水痘传染性极强，起病急，得赶紧带着孩子去医院找医生。

医生给开了药，叮嘱韩利萍水痘外发的时候会很痒，一定不能让孩子挠，不然感染会留下疤痕。

没几天，女儿的水痘就发出来了，满身满脸都是，并且持续高烧不退。那几天韩利萍和丈夫轮班请假照顾女儿，可一时半会儿照看还可以，整天在家里，厂里的工作就得耽误。

更何况班组刚刚成立，整个班组虽然有30多个人，但真正能独当一面的只有5个人，为了"抢任务"，每一个人负责3台机床的编程调试，两个大班24小时连轴转。为了保质量，韩利萍把最难加工的那一部分留给自己，把相对简单的部分留给技术实力相对薄弱的年轻人。因此韩利萍要是请假了，这个班的机器就都得停。

她不想因为自己一个人耽误整个生产进程。可孩子痒得难受忍不住一直要挠，白天晚上时刻都离不开人看护，看着两头为难的韩利萍，母亲叹了口气，说："你还是去吧，单位的事重要，家里有我呢，实在忙不过来，就让你妹妹过来帮帮忙！"

一直以来，母亲都是韩利萍最坚强的后盾，韩利萍和爱人都是单位里的骨干，平时上班忙，接送孩子、做饭、照顾韩利萍的父亲，都是母亲一个人忙活。

父亲常年卧病在床，离不开人照顾，母亲照顾完老的照顾小的，洗衣做饭，劳累可想而知。韩利萍满心愧疚地看着母亲，此时她贪心地希望自己会分身，把一切事情都做好。

有了母亲的支持，韩利萍又全身心地投入紧锣密鼓的生产中，母亲把韩利萍的小妹叫过来了，平常母亲负责买菜做饭照看韩利萍的父亲，小妹负责照顾韩利萍的女儿，时不时给母亲做饭搭把手。

在母亲和小妹的精心看护下，十几天以后孩子身上的水痘渐渐消退了，可是韩利萍的小妹却被传染了，脸肿得都变了形。

韩利萍这才知道成年人发水痘症状更加严重。看着家人刚刚照顾完女儿又去照顾小妹，韩利萍瞬间觉得自己要崩溃了！瘦弱却坚强的母亲看着她，还是那句话："单位的事重要，家里有我呢！"

后来和同事聊天时，同事跟韩利萍说："韩师傅，你得感谢你妈妈！我领孩子去医院看病时从来没见过你，都是姥姥带着。"韩利萍的女儿从小体弱，经常生病，小孩子生病去厂区医院打点滴是常有的事情，孩子在病床上打点滴，陪护的总是姥姥。正是因为有了母亲做后盾，韩利萍在工作上才能全身心投入，精益求精。

这些年来，是母亲一个人撑起了整个家，母亲身高不到一米五，体重还没有90斤，可就是这样瘦小的母亲，给了韩利萍生活、工作以及精神上的全部支撑和鼓励。无论多么困难，坚毅的母亲总是那句话："家里有我呢！"

以身为教

韩利萍的工作服是一身厚重的蓝领制服，还有一顶印有中国航天标志的帽子。无论春夏秋冬，每当穿上这身蓝领制服，韩利萍便将整个身心投入工作，像一个战士一样战斗。

韩利萍常说："我作为一名航天人别无选择，必须坚持，中国现在是航天大国，还不是航天强国，历史让中国人清醒地认识到，没有强大的国防，就没有什么话语权！确保后墙不倒，我辈只有争分夺秒加油干，才能从跟跑到并跑，直到实现领跑，这是一代又一代航天人的使命和担当。"

接受采访时，很多记者问过韩利萍这样的问题："生产一线的女性能坚持下来的少，你是怎样坚持下来的呢？"韩利萍说："作为一名女性，一手托起的是工作，一手托起的是家庭，两头都不想耽误，如何平衡，有时候挺难的。"

在现代社会中，工作和家庭该如何平衡，是很多人都会面对的共同困境，而对于韩利萍这种工作在特殊岗位一线的女性来说，平衡从来都不是绝对的，她面临的是选择。她有遗憾，但从不后悔。

⊙ 韩利萍工作照

韩利萍的女儿小的时候，尽管书包很沉，但总会在里面放一把雨伞和一个闹钟。放雨伞是因为爸爸妈妈工作忙，赶上突然下雨的时候没办法去接她，姥姥年纪大了腿脚也不方便，所以只能自己带着伞以防万一。放闹钟是因为有一次午休，母女俩因为太累了，都睡过了头迟到了，女儿觉得妈妈不靠谱，于是放学后让姥姥带着她买了个闹钟，从那以后她再也没迟到过。

上了高中后，由于在市里离家远，父母也不能在自己身边陪读，她便更加独立，很少让家人操心。她理解父母工作很忙，也心疼姥姥，知道姥姥操持一家人的生活不容易。这些理解和感恩都化作她成长路上独立自主、坚强勇敢的优秀品质，她没有抱怨，而是以妈妈为榜样，立志成为一个优秀的人。

人人都说韩利萍是个倔姑娘，凡是她认定的事情，无论多难她都要坚持到底。从父亲送她进入厂里上班的那天开始，她的梦想就是成为一名优秀的航天人。

在那个单调的车间日复一日的工作中，在与冰冷的铣床一次次的摩擦中，她看到了这份看似枯燥的工作的另一面。她在工作岗位上十几年如一日刻苦学习，每每看着工服上"中国航天"的字样，心底的骄傲与自豪便油然而生。她也常常和女儿说："妈妈现在的岗位就是妈妈梦开始的地方。"对韩利萍来说，孩子是她身上小小的软肋，也是支撑她过关斩将、将自己变得更好更强的动力。

曾经她的父母所给予她的不是耳提面命，而是以身为教，如今她也身为母亲，能给孩子的，除了物质的条件、情感的联结，更重要的是精神的传承，让自己成为孩子的榜样，不断赋予孩子美好、善意、光明、坚忍的能量，这便是身教永远高于言传的意义。

第五章　百炼成钢凝动力

扫码解锁

◎群英颂歌◎传心创世
◎遨游星辰◎奋斗底色

技能比赛显身手

2000年，进入新世纪以来，单位任务激增，韩利萍更忙碌了，早上7点到单位，晚上10点回家，披星戴月。遇到任务抢着干，积极参加劳动竞赛，特别是在单位启用数控机床时，她主动担当，成了第一批"吃螃蟹"的人。

这些年来，她可以说是陪着机床过日子，把机床当成闺蜜，饿了就去隔壁的食堂吃口饭，生病了也要坚持工作。她常常形容自己的工作与生活就像是一段"激情燃烧的岁月"，生逢其时，有苦、有泪，有信仰、有奉献担当，更有激情和荣耀。

2005年5月20日，这是韩利萍人生中值得铭记的日子，这一天，她光荣地成为一名中国共产党党员。此后风雨兼程，她将在党百年荣光的沐浴下，砥砺前进，拼搏奋发，为党的事业奋斗终身。

"宝剑锋从磨砺出，梅花香自苦寒来"，想要进步，就要在不断的挑战中磨炼自己。韩利萍不放过任何一次提升自己的机会，从代表厂里到代表山西省最高技术水平，她从来没有后退过。

2006年9月，由山西省劳动和社会保障厅、教育厅、科学技术厅、国防科学技术工业办公室、总工会、机械电子工业行业管理办公室联合举办，晋西机器工业集团公司承办的"晋机杯"山西省第二届数控技能大赛暨第一届全国数控大赛山西赛区选拔赛开始报名。

这次比赛受到了各个参赛单位的高度重视，报名通知下发到厂里时立马引起了大家的热议，因为这次比赛不仅是山西省内各工种技术人员的一次相互切磋，也是第一届全国数控大赛山西赛区选拔赛，表现突出者可直接被推举参加全国数控大赛，和来自全国各地的高技能人才一起交流探讨。

按照大赛的总体要求，相关单位要广泛动员和引导职工、教师、学生参与到大赛中。来自各个工种的师傅都有机会在这次比赛中"一较高下"。

厂里的同事对这次比赛都跃跃欲试，韩利萍也不例外，在生产技术水平不断提升的同时，她也想不断挑战自己。

通知下发后，符合条件报名参赛的人很多，为了公平起见，厂里决定在内部举行技能竞赛，选出代表去省里参赛。经过层层选拔后，韩利萍从众多铣工中脱颖而出，代表厂里踏上了比赛之路。这是她从业以来，第一次参加重大技能比赛。临行前，身边的同事纷纷为她加油打气。

"利萍，你好好加油，给咱拿个第一回来。"

"利萍，我看好你，你肯定行！"

"师傅，我们等着你凯旋！"

带着厂领导的期望和同事们的祝福，韩利萍感到了前所未有的信心，加上她平时的努力，她暗下决心，一定要取得好成绩。

韩利萍参加的数控铣床职工组的竞赛题目的实操题，是按照给定的三个工件图样进行加工，加工要素包括非圆曲线、大斜面、小拔模面等多个内容，并且在加工中给定了十几条安全操作规程。这极为全面地考验了一个数控铣工的基本工作技能和个人操作能力。

给定比赛时长六个小时，韩利萍要在规定时间内完成三个工件的加工。看到图纸时，本来还有些紧张的韩利萍长舒了一口气。三个工件难度并不是很大，主要考验数控铣工在加工过程中的仔细程度和对工序的熟练程度。韩利萍屏息凝神、专心致志地按照图纸给定的内容进行操作，就像当初刚进厂区看图纸时那样。她细致地将图纸中可能会出错的、难以加工的地方标注好，彻底做好准备工作。然后拿起原料铁块儿，按照步骤，将它放在铣床中，一点点将它磨铣成规定的样子。

这项长达六个小时、需要投入极高专注度的比赛，韩利萍凭借自己过硬的心理素质和高水平的操作技能顺利完成。最终，她获得了数控铣床职工组个人第二名的好成绩，同时也获得了参加全国第一届数控技能大赛的资格。通过这次比赛，一批具有较高技能水平的人才脱颖而出，充分展示了广大参赛选手精湛的技艺和过硬的本领。

我们常常会迷惑于这样一些问题：到底何为热爱？我们又因何而热爱？在韩利萍身上，我们似乎可以看到这些问题的答案。

热爱是毫无理由的付出与投入，甚至明知不可为而为之，对热爱的人来说，他们的字典里写满了勇敢与迎难而上，却始终翻不到"退缩"这样的字眼。

2006年，当韩利萍第一次代表山西省参加全国第一届数控技能大赛的时候，对于她来说，只有两种选择，要么不干，要干就要争第一。

坐火车去北京的那天，看着窗外闪过的风景，她的心情很复杂。这一去就是几个月，她放心不下孩子、家人。

她想起出发之前，女儿紧紧地抱着她，不让她收拾东西。她只好把女儿搂在怀里，温柔地告诉女儿："妈妈要代表山西省去参加比赛了，等妈妈回来给你带好吃的。"女儿拍着胸脯保证说："妈妈，你放心，我最听话了！"想到这里，韩利萍脸上浮现出幸福的微笑。对于这次北京之行，她知道必然困难重重，但她已经做好了准备。

来到北京后，见到来自五湖四海的同行，韩利萍才意识到什么叫人外有人、天外有天。但她并没有气馁，反而以一种谦虚好学的态度，在集中训练的日子里，把握机会，与来自全国各地航天企业的优秀选手交流先进的数控加工理念和方法。

她怀着极大的学习热情和饱满的求知欲，通过学习和交流，开阔了自己的视野和思路，使自己的操作水平和理论知识都上了一个台阶，同时也结交了很多好朋友。这段日子让她受益匪浅。

此外，在集中训练阶段，韩利萍刻苦训练，积极备战，连吃饭的时候都在思考问题，丝毫不敢懈怠。韩利萍特别珍惜这个来之不易的机会，她说，赛场上她代表的不仅仅是自己，承担这样光荣而艰巨的任务，她没理由不竭尽全力。

在一轮又一轮的选拔淘汰过程中，她需要更精更好更稳地掌握技能，这个过程是对铣工的理论和实操更加全面的考验。尤其是在对西门子系统功能的深入挖掘中，韩利萍对该系统的图形编程功能、系统变量的宏程序编程能力、薄壁变形控制、复杂轮廓节点计算能力、细节处理能力、螺旋插补进刀、铣螺纹等方面进行了深入的学习与研究，获得了全新的认识，而这也使她的操作能力得到了全面提升。

将全部精力投入学习的日子是那样充实而短暂，时间转眼来到比赛这天。第一次参加全国性的比赛，说不紧张是假的。比赛前，韩利萍又在脑海中将自己所掌握的各种工件的操作方法、注意要点回忆了一遍，这让她安下心来，自信地走上赛场。

长时间扎实的积累，让韩利萍有了底气去全力以赴，面对给出的题目，韩利萍不慌不忙，像日常工作中每一次遇到刁钻零件那样，将图纸每个地方都研究透彻，然后将原料投入考验"手力"的磨铣环节，最后一丝不苟地完成了操作。最终，韩利萍凭借集训中的出色表现和过硬的专业实力，在比赛中取得了优异的成绩，同时她的能力得到了全国许多同行的认可。

对于一个零件的完美呈现是对操作者综合能力的考量，韩利萍觉得，比赛的过程是学习的过程，切磋的过程也是提高的过程。一次次不断地找出自己的不足，不断地改正操作方法上的错误，也是技术能力不断提高的过程。

2007年9月，韩利萍代表厂里参加了中国航天科技集团公司与劳动和社会保障部①联合举办的第四届职业技能竞赛，在数控铣工组决赛中取得了个人第一名的好成绩，获得了全国技术能手的称号，为单位争了光。

在颁奖仪式上，中国航天科技集团公司副总经理的吴卓亲自给韩利萍颁奖并向她表示祝贺，并授予她全国技术能手、航天技能大奖、集团公司②劳动模范称号。

获得这些奖项和表彰，韩利萍感到很荣幸，她没有辜负大家对她的信任，她也没有辜负自己的付出，她不断地告诉自己，不能骄傲浮躁，想成为一名优秀的"航天人"，路还很遥远。

精神力量指方向

2007年10月24日，我国首颗探月卫星嫦娥一号在西昌卫星发射中心成功升空。11月26日，中国国家航天局正式公布嫦娥一号

---

① 2008年改为人力资源和社会保障部。
② 全书"集团""集团公司""航天科技集团""中国航天科技集团""中国航天科技集团公司"皆为中国航天科技集团有限公司的简称。

卫星传回并制作完成的第一幅月画图像，标志着我国首次探月工程取得圆满成功。12月12日，中共中央、国务院和中央军委在人民大会堂举行探月工程庆祝大会。

韩利萍作为航天事业的工作者和突出贡献者，光荣地出席了在人民大会堂举办的庆祝我国首次月球探测工程圆满成功大会。

12月的北京，正值寒冬腊月，上午10点钟的阳光照得人暖洋洋的，也给参会的代表和嘉宾增添了一份喜悦。韩利萍按照工作人员的引导来到人民大会堂前，庄严雄伟的人民大会堂，门额上镶嵌着中华人民共和国国徽，正门迎面有12根浅灰色大理石门柱。站在这里的韩利萍深情地看向中华人民共和国国徽，在伟大的国家面前她觉得自己是那样渺小。人民大会堂四面门前有5米高的花岗岩台阶，建筑风格壮丽典雅，它和四周层次分明的建筑共同构成了一幅天安门广场整体的庄严绚丽的图画。

这是韩利萍怀揣着无比自豪的心情第一次走进人民大会堂，宴会厅的装饰设计富有民族特色，会场布置严谨又庄重，主席台两侧的大屏幕上正在播放着嫦娥一号的每一个精彩瞬间。已经进入会场的嘉宾和代表们纷纷互相照相留念，光荣与骄傲写在每一个人的脸上。

在现场收听报告时，韩利萍听到时任月球探测工程领导小组组长、国防科工委①主任张庆伟在大会上发言讲道："参与工程的

① 即中国人民解放军国防科学技术工业委员会，同时称中华人民共和国国防科学技术工业委员会，简称国防科工委。

⊙ 2007年，韩利萍荣获中国航天科技集团公司劳动模范

航天科技人员坚持自主创新，刻苦攻关，充分利用现有的技术和能力，在短短三年多的时间里，经过方案、初样、正样、发射实施、科学应用五个阶段，狠抓多学科、高技术集成创新和原始创新，突破了轨道设计、飞行控制、远距离测控通信、地月空间环境适应、科学数据处理与反演等多项关键技术，掌握了一大批具有自主知识产权的核心技术。

通过全面、扎实、细致的工作，工程做到了准时发射、准确入轨、精密测控、精度变轨、成功绕月、成功探测，并初步取得科学成果。实践证明，坚持勇于探索、敢于超越的创新精神和科学求实、精益求精的工作作风，走中国特色自主创新道路，不断提高自主创新能力，是航天事业实现跨越式发展的关键所在。"

这让韩利萍深受触动。航天工作又苦又累，需要航天工作者有自强与奉献精神，如果没有强大的意志品质，是做不出成绩来的。她也认识到，想要成为一名优秀的航天人，光有努力是不够的，更要创新，将核心技术掌握在我们自己手中才最关键。

大会结束后，韩利萍回到家乡，回到工作岗位，向同事们传递了大会的内容与精神，鼓励大家学习大会精神，坚持自主生产研发，为国家航天事业进步贡献自己的力量。

韩利萍也将这种航天精神深刻地融入生产工作中，随着产品的不断更新换代，韩利萍在数控换装跨越式发展的进程中，加工能力也实现了质的飞跃。

可生产研制的路上总不会一帆风顺，作为一名工作在生产一线的技术工人，韩利萍时刻面对困难与挑战。

21世纪以来，我国航天事业蓬勃发展。韩利萍和班组紧跟时代浪潮，完美执行了近百次航天生产任务，为航天工业的发展不断努力着。他们用了近一年的时间，生产某重点产品系列转换装置，转换装置用于航天发射的许多领域，是托举火箭成功起飞、保障火箭平稳运行的重要装置。

2007年，韩利萍和班组用了近一年的时间，生产某重点型号弹射动力装置自动抓手基体、外筒。弹射动力装置用于航天发射的许多领域，它是托举火箭成功起飞、保障火箭平稳运行的重要装置，也是应急时飞行成员及其装备弹离飞行器的动力装置，能够为航天飞行员的生命安全提供重要保障。

在整个生产过程中，韩利萍发现该工件经常出现对称度超差和接刀痕明显等缺陷，并在三坐标（测量机）的三维检测中发现，这批产品大部分不合格。

韩利萍意识到这些问题非常严重，一毫一厘的误差都会在投入使用时造成重大损失，她立即决定将这批产品全部返修。

面对返修问题，班组的成员们一筹莫展，不知道该从何入手。这时韩利萍大胆提出必须改进旧的生产工艺，采用锥度芯轴定位，有效消除工件和工装间隙配合导致的误差。

在大家的努力下，班组圆满攻克了弹射动力装置自动抓手基体、外筒对称度超差瓶颈，总结形成锥度芯轴定位参数双循环变刀补编程法，有效消除了累积偏差，确保了机床运行的稳定可靠。这一创新性措施使该产品一次交验合格率达到100%，其中两项成果都获得了全国优秀QC成果奖。

产品存在严重的隐患，让韩利萍更加深刻地体会到航天工作的严谨性。在后来的工作中，韩利萍告诉班组的成员们："航天事业的工作只有100分和0分，99分都不行，我们只能要求自己每次的生产任务必须满分。"

秉承着对工作的高标准、严要求，韩利萍继续埋头苦干，2009年，韩利萍攻克了铝合金薄壁框架类零件。她针对金属去除量高达70%、易变形、不易装夹的难题，总结出用五面分层内外腔体交替循环加工法和模拟补全建模缺口编程法，巧妙地解决了弱刚性零件的生产难题，确保了该零件一次交验达到合格率。

2009年，在山西省妇联和山西日报社等联合主办的山西省杰出女性评选表彰活动中，韩利萍荣获了山西省十大杰出女性称号；同年，获得首届国务院政府特殊津贴。2012年，韩利萍被聘任为航天一院首席技能专家，并荣获中华技能大奖。

作为一名女性，韩利萍在时代洪流中展现出了属于自己的铿锵力量。她微笑着推开通往她心中航天梦想的大门，在充满钢铁气息的厂区中从容地散播着自己坚韧、独立的女性力量，用她的刻苦与拼搏一次次攻克了技术难关，一次次实现了工艺创新。

光荣的护航者

2014年，正是一年春好处，国家各项事业全面布局、稳步发展，呈现出勃勃生机。随着航天技术的快速发展，数控加工也面临着新技术、新材料和新工艺的挑战。

计算机走入了人们生活的各个领域，计算机技术在国内各生产领域的应用不断深化发展，并投入工业生产加工中，创造了巨大的产能，使得国家工业水平得到巨大提升。

紧跟国家发展趋势，培养先进技术型人才，长治清华机械厂在天津职业技术师范大学开设了数控先进加工技术培训班。

韩利萍作为首批学员，坐上火车去往天津，开始了为期三个月的培训生活。时隔二十年，韩利萍再一次走进校园体会校园生活，她感到既熟悉又陌生，看着校园里朝气蓬勃的学生，她深受感染，从业二十多年来，她投身于铣床的切削之间，埋头在图纸的毫厘之中，因此她非常珍惜这次心无旁骛在高等院校学习的机会。

在这里，韩利萍系统学习掌握了五轴编程加工技术。

五轴编程是一种应用于数控机床上的高级加工技术，它基于数学和物理原理，通过对刀具和工件的相对运动进行精确控制，

⊙ 2009年，韩利萍荣获山西省十大杰出女性称号

实现复杂产品的加工。同时可以通过合理的刀具路径规划和切削参数的优化，实现高质量、高精度的加工效果。

韩利萍感叹于数控技术的更新换代速度，想起以前由于技术水平和设备的限制，无法加工生产更多、更复杂的工件，可现在不同了，她看着国家工业水平的不断进步，心中满是自豪与骄傲。

培训学习结束后，韩利萍立马回到岗位上，开始攻克某系列关键零件支架数控加工难题。该零件结构复杂，外形不规则，由于以往的设备局限和编程能力弱等因素，加工工艺复杂烦琐。在实际加工中需要多次翻转工件，多次装夹，多次找正，还需要更换卧式和立式机床，程序编制烦琐，对设备操作工和编程人员都有较高的要求。为了解决问题，她运用型腔铣完成轮廓粗加工，深度轮廓加工和曲面区域轮廓铣清理各层之间缝隙中的残料。通过不同图层将各个特征分类设置，通过后置处理生成可以识别的代码，得到最终的加工程序。

这套方法让班组的成员十分佩服，韩利萍笑着对大伙儿说："这就是知识的力量！"韩利萍秉持"毫厘不让铸精品""毫厘不留为人梯"的理念，对徒弟们倾囊相授，带着班组的成员们、徒弟们不断地探索新技术，使得204班组从人员到技术都在不断成长壮大。

他们一起完成了近200次航天任务，负责攻克的技术难题从未失败。而她的班组被誉为企业数控加工的摇篮，先后获得全国学习型先进班组、全国工人先锋号、全国安全管理标准化示范班组、全国女职工建功立业标兵岗和全国质量信得过班组等荣誉称号。最令他们骄傲的是，2014年，班组被中国运载火箭技术研究院命名为"韩利萍班组"。

新技术的开拓与创新是永无止境的，2015年，韩利萍所在车间接到了重点产品本体加工这样一项特殊的任务，按要求她要协助研制产品生产试验阶段某系列大型复杂铝锻件，拿到图纸后，她陷入了沉思。

该零件由不规则轮廓和变直径阶梯孔构成，加工过程中切削抗力不稳定，尤其是在交叉拐角处刀具负载瞬时加大，机床震动现象严重，机床负载瞬时加大，刀具切削刃崩碎灾难性失效和后刀面严重磨损。

可光想不干是做不出任何成绩的，面对这样的挑战，韩利萍选择带领攻关团队从基本要素入手，仔细分析零件的特点。

她将图纸掰开揉碎，一点点地提取加工要素，最终在吃透整个零件结构的基础上逐一突破。通过使用动态铣削替代传统端铣刀分层铣削，解决开放岛屿类零件、封闭、半封闭型腔零件粗加工切削负载过大的问题。在封闭型腔加工过程中，采用动态铣削加工方法再进行刀具优选（例如型腔拐角圆弧），优化切削参数，解决了加工效率低的难题。采用新的加工方法之后，机床负载稳定在5%~10%，加工效率提高60%，刀具成本降低大于40%。使生产效率成倍提高、生产成本大幅降低。

为了尽快完成任务，韩利萍和班组成员又开始了加班加点

⊙ 2014年，204班组被命名为"韩利萍班组"

"抢任务"的日子。2015年春节，大年初一的早上7点，韩利萍顶着漫天的飞雪走进班组的时候，班组成员竟然没有一个人缺岗，这让韩利萍心头一热。

在韩利萍及其团队几个月的努力下，返工数次，几经波折，这批产品最终实现了连续32个批次一次交验合格率100%。这次加工任务的圆满完成，也为后续多种类似产品的加工积累了相关技术经验。

2015年9月3日，纪念中国人民抗日战争暨世界反法西斯战争胜利70周年大会在北京举行，韩利萍受邀参加天安门广场的阅兵观礼活动。她坐在天安门前的观礼台上，眺望着一行行参加检阅的大国重器，气势昂扬地驶过天安门广场，接受了祖国和人民的检阅。

她热血澎湃，眼里一次次涌出激动的泪水，她想起上学时她曾用青涩的笔迹写下的"航天"二字，那是她梦想开始的时刻，而现在她好像就在梦里。这个梦，是她百炼成钢，把手变成眼睛，将耳朵磨成标尺，在每一个连轴转的日夜里，在每一次的合格率100%中，不知不觉由她亲手编织好的。

回家后，韩利萍把自己的荣誉一一讲给母亲，看着母亲脸上泛起自豪的笑容，她感到特别满足。这些年，她埋头车间与铣床之间，家里姊妹三个，自己几乎成了"最不孝顺"的那一个，不能照顾患病的父亲，母亲手术也没办法陪护。她常常自责，可母亲对她说："你对我们最好的孝顺，就是你工作上精益求精取得的成果。"

　　这些年，每当韩利萍将自己所取得的荣誉拿给母亲看时，母亲都高兴得像个孩子，欣喜地跟别人分享。在母亲心里，女儿是她的骄傲，女儿在为航天事业"护航"，而她愿意为女儿"护航"。

⊙ 2015年，韩利萍参加"九三阅兵"观礼

第六章　毫厘之间藏成败

扫码解锁

◉群英颂歌◉传心创世
◉遨游星辰◉奋斗底色

妈妈的眼泪

2017年4月20日，晚上8点，韩利萍一家三口坐在电视机前，他们激动得将手紧紧握在一起。随着电视机中传来新闻播报员倒数的声音，韩利萍一家三口也在跟着一起喊："5、4、3、2、1……点火！"

随即电视屏幕中传来震荡山海的轰鸣声，伴随着燃料在空气中燃烧的爆裂声，发射平台稳稳地托举着长征七号火箭搭载天舟一号货运飞船冲上云霄。

韩利萍激动地从沙发上站起来，兴奋地鼓掌，不断地说着："太好了，太好了……"女儿转过头看向妈妈，只见妈妈无比喜悦的脸庞上，闪着激动的泪水。

搭载天舟一号货运飞船的长征七号遥二运载火箭在我国文昌航天发射场成功发射，此次任务是中国载人航天工程空间实验室阶段的收官之战，至此中国载人航天工程"三步走"（发射载人飞船、发射空间实验室和建造空间站）战略中的"第二步"完成。

长征七号研制起步于2006年，到2017年成功将我国第一艘货运飞船天舟一号送入预定轨道，可以毫不夸张地说，航天人10余年的艰辛付出造就了火箭的完美飞行。

长征七号是填补我国空间运载能力空白的"高轨新兵",是我国载人空间站的"货运专列",因为长征七号,我国近地轨道的运载能力从8.6吨提高到14吨,提升了1.6倍。长征七号火箭研制应用了96项新技术(新技术比例超过70%),其中重大关键技术12项。

火箭的能力有多大,航天的舞台就有多大。大火箭需要大的推力、大的发动机,同时也需要大的发射平台。长征七号的发射平台重达1800吨,它的面积相当于两个篮球场大。这么个庞然大物偏偏还要能够行走,并实现0.03毫米的调节精度。

1°的误差在生活中很多人选择忽略不计,而火箭发射平台倾斜1°的误差,将会导致高50米的火箭顶部偏离发射中心872毫米,均布在¢3370毫米圆周上的最低点的支撑装置将产生20%的过载。这种误差的后果将直接导致火箭无法准确入轨,这就是"航天无小事,成败在毫厘"的道理。

而在火箭发射成功的背后,是无数航天人夜以继日攻坚克难的成果。组成火箭数以万计的零件来自全国不同的航天生产单位,而仅在发射平台4万多个零件制造中,韩利萍和团队就攻克了无数个难题。此刻,看着自己攻克万难生产出来的小小零件,竟然爆发出托举火箭的万钧之力,韩利萍感叹道:"航天人特别能吃苦,特别敢创新!那些日子是值得的!"

女儿紧紧抱着妈妈说:"妈妈,你真厉害!"韩利萍的丈夫看着母女俩,也露出了幸福的笑容。

女儿知道，从小到大，在那些没有妈妈陪伴的日子里，妈妈把自己奉献给了中国航天事业。她知道这一刻，妈妈多年努力奔赴的梦想实现了。妈妈的眼泪中饱含了她的坚忍、勤奋、严谨以及专注。

一块儿铁疙瘩

在组成长征七号火箭发射平台的4万多个零件中，由韩利萍负责生产的一个关键控制零件叫作"四通均流阀"。它大约200毫米见方，别看这个铁疙瘩个头小，它在所有组成零件中可是个"大力士"，因为从火箭加注燃料后一直到起飞前，都是靠这个零件驱动液压系统来实现承担火箭发射及姿态控制的功能，调整重达约600吨的火箭的平衡。

四通均流阀上面分布73个各种规格的孔。每一个阀孔的加工精度都必须控制在2丝（机械加工常用的长度单位，1丝=0.01毫米）以内，也就是说，它的公差相当于人头发丝直径的1/3这样一个范围以内。这些孔只要其中一个孔超差，阀孔和阀芯的密闭性就存在隐患，将直接影响支撑臂调节精度和平衡度，甚至会造成火箭无法精确入轨。

大家都知道，加工少量的几个孔不超差容易，而要让70多个孔都不超差，这可真不是一件容易的事。很多时候出废品就在接近边界公差带的那个范围，可以说是一丝差错满盘皆输。以往从未加工过此类零件的韩利萍感到压力特别大。

七八月份正是夏天最热的时候，偌大的车间里几十台机床一同工作，其运行产生的高温与热量，使得整个车间的温度达到了将近40℃。厂房里闷热无比，成员们在忍受闷热的同时，还得忍受蚊虫叮咬。这是对人意志的考验，也是对人身体素质的考验，有时候光凭意志而身体素质跟不上也是不行的。

没有此类零件生产经验的韩利萍，为了找到最可靠的加工方法，泡在车间一个多月做出来了初样产品。可当他们拿着产品送到检验员处进行质检时，质检员给他们的答复是：他们的初样产品合格率只有20%。这让韩利萍团队备受打击。

看着一件件的不合格品，韩利萍的倔劲儿上来了！她带着团队一起复盘问题，举一反三，经过几十次方案选择，上百次的切削试验，筛选大量切削数据，反复在现场进行验证。酷暑、蚊虫叮咬只能忍着，铁屑一烫脸上一个疤也顾不上理会，此时的韩利萍心中只有一个信念：必须啃下这块儿"铁疙瘩"。

韩利萍常常鼓励团队里的成员，她说："这个铁疙瘩可不是普通意义上的铁疙瘩，我们加工的零件是航天产品，我们加工的这些东西是振国威的，是给中国人长脸的。所以我们一定要全力以赴，不能掉链子。"

73个孔一遍遍钻、一遍遍镗、一遍遍量，不断摸索孔径变形规律，常常连续工作十二三个小时，最终在实现对整个工艺过程精准掌控的基础上，韩利萍总结出"小孔、深孔、斜孔先行""先粗后精"的加工顺序安排。

对于这个零件的加工，韩利萍对刀具的优选、切削参数的合理匹配、减小毛刺的方法等全套工艺参数，已经成为目前单位加工此类零件的操作规范。在韩利萍的努力下，她整理出"对付"这块儿铁疙瘩的办法，也就是利用各种刀具的磨损曲线，准备进行最关键的生产。

加工四通均流阀这个零件需要19把刀具，19把刀具依次入轨，只要机床一开，73个孔要在两天之内不停机加工完。这个发射平台的关键部件允许的最大公差为2丝，技术加工的粗糙度只有1.6微米，超过这个范围就有可能导致火箭无法准确入轨。

在精度要求极高的情况下，有一个阀口出现问题，整个零件就全部报废。因此只要一开工，机器前就得有人专门看着，韩利萍和她的团队就得白天黑夜连轴转。

长征七号火箭担负着给空间站运送货运飞船的任务，天舟一号要在太空中与天宫二号交会对接形成组合体，这就要求火箭必须精准地把飞船送到指定的位置。因此，发射平台设计的零件精度比之前发射卫星的火箭平台提升了2.5倍，73个孔加工出来都要毫厘不差，每个孔的合格率就算达到99%都不行。

韩利萍团队算过，如果每个孔的合格率达到99%，那么73个孔总的合格率就只有48%，只有韩利萍加工的73个孔合格率都达到

100%，才能确保火箭的发射万无一失。这样的难度让经验丰富的铣工都望而却步。

四通均流阀的73个孔全部加工完需要两天的时间，在零件加工到第三个孔时，韩利萍发现机床出现了异常振动。

加工的时候，每把刀的切削状态都是不一样的，引起的振动频率也是不一样的，就像中医给病人看病一样，通过号脉感受病人脉搏跳动的规律才能了解病人的病理情况。凭着多年的生产经验，韩利萍觉得应该是出现问题了。

韩利萍立即停下加工进度，拉开铣床的门，对工件加工部位进行逐一检查，她把零件上上下下、仔仔细细地检查了一遍，通过测量，最近加工的几个孔孔口位置尺寸合适，量到底部尺寸竟然小了，产生了锥孔。手从底部一摸，感觉出现了问题，底下有点拉毛（磨损）。

找到具体磨损的点位，卸下对应刀具，拿到检验处去检验。通过检测仪几十倍的放大，显示屏上出现了本来应该是圆形弧度的刀具，它的锯齿出现了参差不齐的磨损痕迹，结果不出韩利萍所料，这个刀片必须得换了。

四通均流阀使用的材料是45号钢材，经过热处理之后，硬度比普通钢材高了近30%，精加工时刀具比一般加工时更容易磨损，因此加工时需要随时关注机床的状态，及时更换刀片，如果不是韩利萍提前预判到刀具的磨损情况，加工下一个孔时，零件就会超过精度公差范围，甚至报废。

当一个人真心想做成一件事或者真心想要得到一样东西的时候，身上会散发出来一种能量的振动频率，接着他想完成的那件事或者那样东西也会散发出相同的频率，两种频率相互吸引，最终只要心意够诚，人与物总会相遇。因为足够热爱与投入，铣床的每一次铣切都和韩利萍的心紧紧地连接，感到异常的那一瞬间，韩利萍和这庞大的数控机床有了相同的律动，这律动就会指引着她去做些什么。

韩利萍说过，机床越复杂越需要人的能力更强，如果对机床一知半解，那么在生产加工过程中，机床会处处为难工人的。这些年来，她和机床在一起，早就已经是同频共振、心有灵犀的"闺蜜"了。

0分和100分

73个孔一个个地钻、铰、镗、量，每一步都得小心翼翼，稍有差池就会前功尽弃。在加工到第69个孔时，韩利萍发现18毫米的孔口部竟然超了公差5微米，再用杠杆表进行测量，表针在临界范围左右摆动，又好像也没有那么明显。团队的成员说："要不就这样交检吧！"

韩利萍心中有一些犹豫，可她转念一想，已经整整加工了三天了，成员们精疲力竭，好不容易加工完了，而且测量结果没有那么明显，应该不会影响质检合格率。最终韩利萍说："交检吧。"

经过检验，检验员在质检报告上签署合格了。那一天大家都特别开心，终于能回家睡个安稳觉了。

可那一晚韩利萍突然失眠了，她躺在床上辗转反侧，脑海里闪过许多画面。"如果就这样安装在发射平台上，到了基地……""海南文昌的温度那么高，会不会热胀冷缩，公差就更大了！"

韩利萍越想越后悔，越想越害怕，她感觉心中有一块儿沉甸甸的大石头压着，怎么也不能安心。她想到以前和徒弟说过的话："航天事业只有100分和0分，99分都不行，只能要求自己每次任务必须满分。"

她从床上坐起来，自言自语道："不行！明天我一早到单位找检验员，把那件有问题的零件撤回来，决不能把99分的零件流转到下道工序，必须确保100分！"

99分和100分，表面上看起来就是一分之差，其实不然，特别是承载着50多米高、重达600吨的火箭发射平台，调平精度出现1°偏差，就会产生20%的过载，将直接导致火箭无法准确入轨。

第二天，韩利萍早早来到质检部门，向检验员申请把那个有问题的零件撤了回来，她拿回零件踏实地走向铣床，重新安装刀具进行返工。

终于，在韩利萍高标准的要求下，这个零件完美地通过质检，即将送往海南文昌发射厂，和来自各航天生产单位的零件一起组装成托举火箭的发射平台。

生活中，1°的偏差我们有时会选择忽略不计，而发射平台调平精度如果出现1°偏差，将会导致高50多米、重约600吨的火箭偏离发射中心872毫米，产生20%的过载，火箭将无法精确入轨。航天产品质量就是这样，苛刻到只有100分和0分，没有99分。

"做产品就是做人，产品就是人品。"这句话几乎成了韩利萍的口头禅。必须保证产品的100分，少一分都不行，这就是韩利萍作为一个航天人最基本的原则。

2017年年底，和韩利萍素未谋面的长征七号运载火箭总设计师范瑞祥专程托人送给韩利萍一本长征七号成功发射纪念封，并在上面签署了他的名字，韩利萍很感动。

想到火箭的总设计师工作千头万绪、日理万机，居然还不忘感谢一个加工零部件的普通操作工，韩利萍很自豪，同时也感到责任重大！

2021年，长征七号还要在空间站任务中继续发挥重要作用。每一次看到自己亲手参与研制的发射平台稳稳地托举长征七号火箭升入太空，韩利萍和团队都感到非常欣慰和满足。

第七章　薪火相传结硕果

扫码解锁

◎群英颂歌◎传心创世
◎遨游星辰◎奋斗底色

远方不远，从这开始

一路风雨相伴，韩利萍和班组是单位数控加工从无到有、从弱到强、从单点到集群、从起步走向深化发展过程中的亲历者和建设者。从手工编程到软件应用，从传统工艺到数控工艺，从数字制造到智能制造，韩利萍带领班组始终走在企业发展需求的最前沿，同时他们也收获了诸多成果。

首次攻克沉淀硬化不锈钢等难加工材料的加工瓶颈；首次提出将零件中尺寸不同、形状相同的加工要素应用宏程序对变量进行赋值和运算，实现了程序模块化编程，使手工编程效率有了质的飞跃；首次开发应用西门子蓝图编程功能，在系统变量编程方面实现零的突破……

多年来，在全体组员的不懈努力下，韩利萍带领班组取得了骄人的业绩，班组先后获得"山西省十大学习型先进班组""山西省青年文明号""山西省工人先锋号""山西省五一劳动奖状""火箭院神箭金牌班组""火箭院长征班组""火箭院班组示范基地""航天科技集团六好班组""全国质量信得过班组""全国安全管理标准化示范班组""全国学习型先进班组标兵"等荣誉称号，被中华全国总工会授予"全国女职工建功立业标兵岗"和首批"全国工人先锋号"。

这些用一点一滴的汗水浇灌成的成果和荣誉，为成立韩利萍技能大师工作室奠定了坚实的基础。2012年12月，依托韩利萍所在的数控加工班组建立以韩利萍的名字命名的"韩利萍技能大师工作室"，这让韩利萍欣喜不已。

为了进一步吸引人才，提高科研创新能力，工作室吸纳了以企业数控高技能人才、工艺技术人员和专家为成员，为了保证不耽误自己岗位的工作，工作室成员依托创新攻关项目聚在一起且均为兼职，工作室主要承担航天和国防产品零部件关键件、重要件的数控铣削攻关任务。

工作室是在国家人力资源社会保障部、山西省、集团、院（中国运载火箭技术研究院）领导的大力支持下建成的。立足工厂建成了拥有理论培训教室、先进制造实验室、智能制造、三坐标测量等培训功能，拥有各类数控加工设备，总面积约2000平方米。可以独立完成复杂零件的三维建模、加工仿真和加工生产。工作室还成立了科研生产组、工艺攻关组、技术专家组三个职能小组，负责不同的分工。

自2012年工作室建成后，工作室全体成员有条不紊地开展着技术创新与研发工作，工作室真正成为企业攻坚克难的基地、技术交流的平台、人才培养的摇篮，成为推动单位创新发展的强劲动力。2017年，工作室被授予全国示范性劳模和工匠人才创新工作室，2019年，中国国防邮电工会新时代工匠学院铣镗专业挂牌落户工作室。

这个凝聚了工作室全体成员智慧的工作间，充满了大胆创新、大胆实践的光芒。走在这闪烁着创意之光的工作室，韩利萍常常感叹，航天产品的科研路上并不孤单，集体的力量是无穷尽的！

在科研路上有这样一份恒久的信念，时时刻刻都在指引支撑着每一位航天工作者的工作，那就是我国航天事业建设发展历程上，在实践与探索中逐渐形成的伟大航天精神。我国的航天"三大精神"分别为：航天传统精神、"两弹一星"精神、载人航天精神。

中国航天"三大精神"反映着不同时期航天事业的特征，体现着一脉相承的伟大民族精神，是中国航天事业之魂。在传承弘扬航天"三大精神"的基础上，韩利萍工作室形成了特色文化理念——

匠心报国：执着专注、精益求精、技能强国。

智铣铸剑：用工匠的智慧创新加工方法，铣削精品铸造大国重器；研精致思，刻苦钻研技艺，提升创新能力。

臻于至善：不断探索，铣削完美。

⊙ 2012年，人社部为"韩利萍技能大师工作室"授牌

点燃航天事业的焰火

韩利萍技能大师工作室是企业内技术攻关的重要力量，在企业中凡涉及数控加工技术难题，韩利萍都带领工作室成员义无反顾地冲在前面。

工作室成立后面临的最重要任务便是解决航天产品加工质量和进度的瓶颈问题。航天产品具有多品种、小批量、进度急的生产研制特点，在生产过程中常常遇到质量隐患和加工瓶颈。

这些年来，工作室从开展创意大赛、提高生产效率、主动攻坚克难等方面激发团队成员对产品生产研究的热情及对新工艺的创新性探索。

2015年，针对新引进的五轴机床的后处理功能开发，工作室牵头成立攻关小组，历时一年，通过左右支耳等复杂曲面的建模、编程和加工全过程攻关，实现了对此类零件复杂曲面的后置处理开发功能的自主完成。参与开发完成新引进五轴机床后置处理定制方法，目前大型形状复杂的铝锻件加工质量稳定，五轴后置开发和程序清单实现自主开发。

在攻克某型号前后闭锁装置中，针对关键零件锁头螺旋槽五轴加工及仿真技术研究难题，通过采用五轴零点校准测定补偿法，消除实体建模和刀轴非均匀矢量变化误差，有效解决了侧壁根部过切和机床累积误差，有效提升零件的加工精度及表面质量。确保了加工稳定可靠，为重大飞行试验提供了技术支撑，保障了庆祝中华人民共和国成立70周年阅兵任务的圆满完成。

2019年，在企业面向准时化生产的精益项目改善活动中，工作室承担的某产品挡药板、提弹梁等典型零件快速换产项目，通过设计专用定位、装夹工装，采用零点快换系统模块、固化工艺参数、改进测量方法等措施，目前实现10分钟之内换产，有效减少了零点找正、测量次数，缩短了停机时间，提高工效3倍以上。

工作室成员通过调查统计，发现现场操作者每人每月刀具费率存在很大的差距，企业每年刀具费用需要2000万，工作室所在的分厂费用就占到了四分之一，工作室成员与分厂合力想方法，从刀具的选型、切削参数的合力匹配和刀具磨损规律入手，整理出了各种刀具针对不同材料的优选方案和参考参数，历时8个月的改善，使分厂的刀具费率由原来的23.6元/小时降为15.8元/小时，当年为企业节约了上百万元，工作室因此获得了企业精益改善示范奖。

某超硬材料异形构件产品材料硬度高，需要淬火后加工，由于形状复杂，对称度要求不大于0.03毫米，孔相对位置精度不大于0.01毫米，表面粗糙度要求为Ra1.6①。之前一直需要外协加工，周

---

① 即表面粗糙度为1.6微米，比数值加工要求看不见加工痕迹，微辨加工方向。

⊙ 2018年，韩利萍荣获"三晋工匠"年度人物

期长，废品率高，分管领导将任务下达到工作室，韩利萍带领团队大胆设计，将定位工装变"夹紧"为"拉紧"，实现异形构件一次装夹，多空间部位加工；采取小直径铣刀微量渐进铣削方式，消除应力释放对精度的影响。改造完成后，各个加工要素尺寸精度和形位公差要求全部满足工艺要求，在企业首届职工先进操作法评选中，获评先进操作法。该方法总结形成的基于特征设计的拉紧力定位技术、平面特征底径向微量渐进铣削技术和应力释放防变形技术等三项关键技术，申报了一项实用新型专利和一项发明专利。

工作室参与攻克某型号变截面腔体零件加工难题，最终突破了毛坯包络技术、变截面腔体零件数控精密加工技术、空间曲面测量技术和异形零件柔性吊装技术四项关键技术，实行了7项分技术的研制，产生一项实用新型专利，整体切削运行时间由原来的1724分钟缩短到1438分钟，获得山西省"五小"创新大赛优秀成果二等奖。

2020年，工作室攻克新型研制产品薄壁组件多级推杆加工难题，针对残余应力释放、让刀和装夹等综合因素引发的变形，总结形成变量补偿、反向补偿和内外交替循环加工法，有效解决薄壁零件刚度低的问题，为今后高难度产品系统化、深入化解决切削加工问题，提供了科学有效的范例。

2021年，工作室攻克电磁弹射装置十字交叉构件凹槽交叉部位空间狭小，刀具、工装和主轴相互干涉导致的加工难题，针对性设计专用夹具，实现五轴机床一次装夹，重复定位精度达到小

⊙ 2018年，韩利萍出席中国妇女第十二次全国代表大会

于或等于0.015毫米，选用特殊刀具，解决狭小空间区域残留圆角去除编程问题，有效解决了十字交叉构件凹槽加工干涉和变形问题，提高了产品质量的可靠性和工艺保障能力。

面对一次次新的挑战，韩利萍带领工作室以更加精益求精的态度来攻坚克难，全体成员的智慧紧紧地拧成一股绳，大家学技术、钻技术，不断激发着热情与真诚，在实践的不断检验中变得越来越紧密，越来越有力量。

在取得技术突破的同时，韩利萍大师技能工作室这个专业化平台，为工作室成员争取了更多优质的交流学习资源和机会。工作室成员可以参加全国数控加工专业交流，缩短与国内同行高手之间的距离。工作室成员先后5批参加企业在天津职业技术师范大学举办的数控加工技术培训班，并有6人参加了集团组织赴德国、日本的先进制造技术专项研修班，学习世界前沿技术，开拓创新思路，引领企业走向制造技术前沿。

在工作室有针对性的人才培养方案中，每一位成员，都能在这里找到自己成长的足迹，还可以参加厂工会定期开展的"劳模大讲堂"进行经验分享。工作室成员每年都以"师徒结对子"的形式承担带徒任务，采取"量身定制"的培养模式，针对每个徒弟的特点和需求制订带徒计划和传授内容，将岗位上具体的产品零件作为典型案例进行指导，有效提升了徒弟分析问题、解决问题的能力。目前，工作室成员均成长为生产骨干，其中9人晋级为高级技师，32人晋级为技师。

连续9年，每逢全国数控大赛、山西省技能大赛以及集团技能竞赛，工作室成员都积极参与各个赛事的赛前辅导工作，积累了丰富的大赛培训经验，也取得了不俗的业绩。近10年来，工作室成员通过职业技能竞赛获得全国技术能手称号的就有21人，2021年第九届全国数控技能大赛中，工作室指导5名成员参加并全部获得一等奖，同时荣获全国技术能手称号，2023年第二届全国技能大赛，1名选手获得数控车（国赛精选项目）一等奖，并荣获全国技术能手称号。

从一个人到一个团队，多少的努力和坚持都只为了那一个梦想，将个人的理想追求融入国家航天事业发展之中，让小小的肩膀聚集在一起撑起足以发动火箭的千钧之力。曾经有一个"大国工匠"韩利萍，今后还会有许许多多个"大国工匠"。他们充满了智慧的活力与希望，又将在这里磨炼出的宝贵技能，连同那些刻苦的钻研精神，一并传承下去。在不久的将来，在不同的技能领域和不同岗位上，他们各自发光，为航天事业添上一把把进步的焰火！

荣誉之花朵朵开

2017年"五一"期间，中央电视台新闻联播的大国工匠第五季《大国工匠传心创世》栏目，以"韩利萍：毫厘不差，助火箭

⊙ 2019年，韩利萍参加庆祝中华人民共和国成立70周年阅兵观礼活动

升空"为题播出了韩利萍的事迹。

2017年10月18日，这个日子韩利萍足以铭记一生。这一天，中国共产党第十九次全国代表大会在北京人民大会堂大礼堂举行。

这一天，韩利萍以党的十九大代表的身份步入北京人民大会堂，现场聆听了习近平总书记在开幕会上做的报告。再一次走进人民大会堂，韩利萍的步伐变得更加坚定从容。她依旧抑制不住的激动、紧张，不同的是，这一次她代表的是山西省。

获得过荣誉、受到过表彰，韩利萍曾以不同的身份走进过北京人民大会堂，而党员代表的身份对她有着极其特殊的意义。作为一名生产一线的党员，走出生产线，走出公司，走进北京人民大会堂，与2000多名党员共同参与国家大事，她无比激动。

当习近平总书记说到"建设知识型、技能型、创新型劳动者大军，弘扬劳模精神和工匠精神，营造劳动光荣的社会风尚和精益求精的敬业风气"时，现场响起了热烈的掌声，韩利萍激动得手都拍红了。

铿锵有力的话语直抵心坎，让韩利萍备受鼓舞。倍感荣耀的同时，韩利萍更加感受到了沉甸甸的责任，从北京返回山西后，她辗转不同的场合宣讲党的十九大精神。

2018年，韩利萍当选中国妇女第十二次代表大会执委和"三晋工匠"年度人物。2019年，荣获了"全国三八红旗手标兵"称号和全国五一劳动奖章。

2019年10月1日，红日东升光芒万丈，五星红旗迎风飘扬。这

CCTV13 新闻

航天科技集团一院长治清华机械厂 数控铣工 韩利萍

新闻联播 XINWEN LIANBO
它会引起的震动频率也是不一样的

⊙ 2017年，韩利萍被评为"大国工匠"后接受央视记者采访

一天，多少人心潮澎湃；这一天，多少人热泪盈眶。这一天，韩利萍受邀来到天安门，参加庆祝中华人民共和国成立70周年阅兵观礼活动。韩利萍感受到了在国庆观礼现场一幕幕振奋人心的场景：

> 看到五星红旗冉冉升起，看到整齐的阅兵方队从眼前经过，看到游行群众欢天喜地、喜迎国庆，我不由得心潮澎湃，一次次流下激动的泪水。作为一名普通工人，能够参加国庆盛典，我感到非常荣幸和自豪。为强盛的祖国而骄傲，为强大的国防而骄傲，为伟大的航天事业而骄傲。

带着这些属于自己的光荣与梦想，这些年来，韩利萍无愧于党和人民的期望，无愧于师傅的栽培，无愧于家人的鼓励与支持。"航天"二字带给她的，是面对未来的希望，克服困难的勇气，更是自己的价值所在。

2020年11月24日上午，全国劳动模范和先进工作者表彰大会在北京人民大会堂隆重举行。这一年，韩利萍荣获了劳动者的最高荣誉——全国劳动模范。

20世纪90年代开始，全国劳模表彰大会每五年召开一次。全国劳动模范是党中央、国务院授予在社会主义建设事业中做出重大贡献者的荣誉称号，目的是弘扬劳模精神，弘扬劳动精神，弘扬中国工人阶级和广大劳动群众的伟大品格。

颁奖时韩利萍说："全国劳模是我国劳动者的最高荣誉，我

⊙ 2019年，韩利萍被评为"全国三八红旗手标兵"

⊙ 2020年，韩利萍获全国劳动模范称号

作为新时代产业工人中的一员，能够获此殊荣，感到无比光荣。我将牢记习近平总书记的嘱托，爱岗敬业、争创一流、艰苦奋斗、勇于创新、淡泊名利、甘于奉献，把满腔的热情投入自己的岗位，把三尺铣台作为我奋斗的舞台，努力劳动，诚实劳动，在平凡的岗位做出新的贡献。"

习近平总书记在会上做了重要讲话："劳动模范是民族的精英、人民的楷模，是共和国的功臣。""社会主义是干出来的，新时代是奋斗出来的。""光荣属于劳动者，幸福属于劳动者。"听到习近平总书记对广大劳动工作者的高度赞扬，韩利萍打心底里自豪。

2020年，韩利萍被中国国防邮电职工技术协会聘任为铣镗专业委员会主任，成为山西省委联系服务高级专家和集团公司技能人才队伍建设工作领域智库专家。

韩利萍从没想过，那个在车间里被师傅说得掉眼泪的"笨姑娘"，如今竟然走上了全国劳动者的最高领奖台。那株夏日里还未开出的花儿，如今熬过了严冬和酷暑，终于在秋日里，开出了耀眼的荣花。这是浸透了汗水与智慧，用勤奋和专注浇灌出的世上独一无二的花。

第八章　初心不改再前行

扫码解锁

◎群英颂歌◎传心创世
◎遨游星辰◎奋斗底色

她有一个愿望

扎根一线、默默奉献是航天人的本色。这些年来，韩利萍攻坚克难接受过无数的表彰和荣誉，她感到自己的心灵被这种崇高的精神紧紧地包裹着，人们经常说"身体和心灵总有一个在路上"，无论是身体还是心灵，韩利萍时刻紧绷着，从不曾放松。

韩利萍是中国运载火箭技术研究院首席技能专家，2020年荣获全国劳动模范称号时，院工会才偶然知道作为一位长期进行火箭发射平台关键零部件加工者，她最大的心愿就是去发射场实地看看火箭升空。

这个心愿当然要满足，在院工会的积极争取下，2020年12月19日，韩利萍很荣幸地受到邀请，去海南文昌航天发射场观看长征八号首飞。在所有航天人的心里，能够去基地亲眼见证发射成功是大家的共同心愿。可由于工作原因，临发射前一天韩利萍才到达发射基地，这时已经进入火箭发射前的备战状态了。

错过了转场，韩利萍很遗憾，千载难逢的机会，心心念念想近距离看看火箭就这么错过了！带着遗憾和失落，韩利萍回到酒店，她安慰自己：没关系的，已经离火箭很近了。

火箭发射的准备工作并不是一帆风顺的，20日凌晨睡梦中，韩利萍被一阵急促的电话铃声惊醒。原来，同屋的《中国航天报》记者接到电话，受台风"科罗旺"影响，长征八号火箭推迟发射！这让韩利萍的心也跟着悬了起来，躺在酒店的床上她翻来覆去地睡不着。早上起来，韩利萍明显感受到了基地的紧张氛围，工作人员重新进入备战状态，所有发射前的检测工作又得重来一遍。

中午在食堂吃饭时，都没有什么人说话，韩利萍的心也跟着揪起来，感觉时间过得好漫长。

终于传来22日发射的消息。大家一早就来到指挥大楼等候！远远望去，长征七号火箭发射平台，稳稳地托举着长征八号火箭，静候命令！那么的亲切，那么的熟悉，比电视里看到的更加震撼，更具有视觉冲击力。

随着指挥员"5、4、3、2、1，点火！"的口令，火箭准时在12时37分点火发射，只见红光一闪，轰隆的声音响彻四周，大地微微颤动，长征八号先是冉冉升起，之后急剧加速，一眨眼的工夫就腾空而起。火箭尾部喷射着橙红火焰，远看像一把雨伞那么大，随着速度越来越快，火焰变成了一颗星星般大小，钻入云彩之中。

正当周围人都在拍照、欢呼庆祝时，韩利萍却在一旁默默地流下了眼泪。她仰起头，目光随着火箭一点点升入云霄，此刻所有的激动、感慨，加上那一份艰辛与不易，都化作她坚定的目光——目送长征八号圆满完成任务。

长征八号以"一箭五星"的方式，成功将一颗主星和四颗小卫星送入预定轨道，发射任务取得圆满成功。火箭发射的时间虽然短暂却辉煌，那气势磅礴的场面给人心灵震撼，令人激动不已。指挥大厅里，大家激动、高兴得像孩子，纷纷祝贺，拍照留念，韩利萍也被这种情绪深深感染着！

长征八号火箭腾空而起后，韩利萍登上发射平台，目睹经受烈焰与高压水枪煅烧、冷却的平台。她笑了，那种笑容是开心的、满足的，那一刻，她心底被骄傲与自豪填满。

中午在食堂举行的庆功宴上，时任中国运载火箭技术研究院党委书记、副院长王国辉同志握着韩利萍的手一再叮嘱，回去以后一定要让大家关注质量，敬畏产品。韩利萍看着他诚挚的目光，连连点头，就像自己刚进入单位时对师傅点头保证的一样，是那样的坚定与自豪。

是啊！作为航天人，必须将严慎细实的观念融入血液，在做任何事情的时候都要想着，是否能把事情做得细一些、再细一些，坚持"深入细节、聚焦细节、放大细节、吃透细节、量化细节、检查细节、控制细节"，做对、做好，不留任何缺陷和遗憾，做到一丝不苟、分毫不差，确保航天产品稳妥可靠、万无一失。

习近平总书记在2019年新年贺词中说："我们都在努力奔跑，我们都是追梦人。"坚守初心，努力奔跑，做航天强国路上的追梦人！韩利萍深深体会到一个人把个人的理想和追求融入国家和民族的事业中，那种幸福是什么也比不了的。

韩利萍说："飞天梦是中华民族千年之梦，是伟大复兴之梦。在建设航天强国和制造业强国的征途上，时代赋予产业工人和技能人才以重任，我们一定要心怀梦想、脚踏实地、奋勇拼搏，在奋力奔跑和接续奋斗中成就梦想，再铸荣光。"

航天工作永不停息，2022年7月24日，海南文昌航天发射场，长征五号B遥三运载火箭冲上云霄，顺利将我国空间站建造阶段首个实验舱——问天实验舱发射至预定轨道，这是我国迄今为止发射的最重载荷火箭。山西航天清华装备有限责任公司倾力打造的"大火箭"活动发射平台，以最强承载能力和最先进的技术再次成功托举新一代长征系列运载火箭飞天。

30多年来，韩利萍和团队从未停止过学习，执着于一丝一毫、精益求精。凭着执着、坚韧、勤奋、钻研，埋头于三尺铣台，突破了一个个不可能，为航天事业付出了自己的努力与心血。她说："能为我国从航天大国迈向航天强国做出自己的一份贡献，我很自豪。"

巾帼之力同风起

近十年来，中国女性在载人航天、深海探测、生命健康等重大科技攻关前沿，在乡村振兴、创新创业、中国制造的主战场，迸发出前所未有的创造伟力，书写着别开生面的巾帼新篇。

2022年9月2日，由中华全国总工会、中华全国妇女联合会共同主办的首届大国工匠巾帼论坛在长沙举办。

作为来自男性工作者占主导的航天生产领域的女性劳动者，韩利萍凭借着一股不服输的劲头，从以前那个"笨姑娘"到身披带有"大国工匠"字样的绶带走上论坛发言，韩利萍知道，她从来不是"笨姑娘"，她做成了她能做的所有事情。

在论坛上发言时，韩利萍说道：

"女性技能工匠专注、细心、有韧性的特点，在操作岗位具有很强的优势，尤其是在精密加工领域更加明显。伴随传统制造向数字制造和智能制造的转变，数控技术和智能制造大量进入车间，女性技能工匠在岗位上的体力劣势正在缩小，成为实施制造强国战略的一支不可或缺的重要力量！

工匠精神不会凭空产生，大国工匠需要土壤。国家各级部门应关注女性工匠群体，提高女性技能工匠薪酬以及福利待遇水平；落实女性技能工匠薪酬分配指引等政策，引导企业建立健全符合技能人才特点的工资分配制度以及工资增长机制；扩大女性高技能人才城市直接落户范围，并落实相关保障服务，畅通技能人才成长通道；实施特级技师评聘试点工作，以开展职业技能等级认定的龙头企业、大型企业为试点逐步铺开，特级技师与正高级工程师享受同等待遇。

就目前情况看，各劳模创新工作室基本上局限于本单位本企业，处于单打独斗局面，在某些时候，会受到一定的限制，建议成立巾帼劳模工匠创新工作室联盟，把各种资源有效整合起来，让能工巧匠们发挥更大的作用，实现'1+1>2'的效果。巾帼劳模工匠创新工作室甚至可以跨企业、跨行业、跨地区合作，充分发挥她们的积极性、主动性、创造性，让她们在服务社会时有更大平台。"

数据显示，截至2023年，我国女性科技人员总量已接近4000万人，科技人力资源中女性约占40%。2010—2019年全国受表彰奖励的科技人员中，女性占比始终保持在30%左右。是啊！在筚路蓝缕的奋斗路上，女性从不甘于落后！

在论坛上，韩利萍代表全国女性技能工匠深情发言，为挖掘

⊙ 2022年，韩利萍获评首届"山西省优秀人才突出贡献奖"

培养更多的优秀女性技能工匠，她提议加强女性技能工匠待遇保障与激励机制，激发技能人才成长动力。

"她们站在那里，让每一盏灯火都在她们身上闪烁。"这是大国工匠中所展现的巾帼力量，不容我们忽视，也不可忽视。

2022年5月31日，韩利萍又光荣地当选为党的二十大代表。她深深地明白，这意味着荣耀，更意味着责任。而2022年也是韩利萍入党的第十七年，作为一名党员，她时刻不忘初心，带领组员向党组织靠拢，培养了一批思想政治素质高、业务能力精湛的年轻人。

在日常工作中，她时刻要求自己和班组成员自觉同党中央在思想上政治上行动上保持高度一致，充分发挥党员的先锋模范作用，把党建和工作相结合，勇于创新突破，勇攀科技高峰。

党的二十大会议期间，韩利萍和山西省的一线工人代表热烈讨论会议精神，在山西省代表团的全体会议中，韩利萍积极发言。说起工作，韩利萍眼中充满了光芒，如数家珍：

"我也带来了宝贝，大家看，这是发射'天舟一号'的长征七号火箭发射平台的模型。

长征七号火箭重量达到600吨，而托举火箭腾飞的是一双巨大的'手'——发射平台。在它身上的4万多个零件中，我负责加工的控制阀是关键的零件，它的加工精度是火箭精准入轨的基础。阀体类零件孔系达70多种，内部复杂交错，每一个阀孔的加工精度要求极高，工艺复杂、加工难度大。我先后参与或负责攻克多个火箭发射平台数控加工技术难关，填补了几十种国防重点型号产品和新一代运载火箭发射平台数控铣削加工空白，为载人航天、嫦娥探月、北斗导航等重点工程的顺利实施做出了贡献。"

山西省代表团全体会议结束后，韩利萍和来自山西的代表在场外仍然热烈地讨论会议精神，他们一致表示，要将工匠精神融入产品制造的每个环节，为推动制造业高速发展、建设制造强国做出积极贡献。

能够当选党的二十大代表并且第二次参加全国党代会，韩利萍感到无比激动与光荣，她说自己文采不好，不知道要如何形容自己心中汹涌澎湃的感情。父亲常常告诫她"少说话多做事"，她时刻牢记着这句话，不断把这种浓烈的爱党爱国爱岗热情融入工作中。

作为生产一线的基层党代表，在今后的工作中，她要求自己进一步坚定理想信念，筑牢思想之基。坚定不移听党话、跟党走，成为航天强国建设的参与者和建设者。韩利萍说："我要把当选代表看成一次鞭策、一个新的起点，立足岗位、拼搏创新，更好地回报党组织对我的认可。"

铸造大国重器、托举航天梦想，韩利萍埋头于三尺铣台，一丝一毫精益求精。初心不忘，心中的引擎永不熄火。党员这个闪耀的名字，将一直激励着她奋进在航天强国建设的新征程上。

炬火相传，航天为伴

2022年1月，韩利萍在工作岗位上收到了一封火炬手确认函。那一刻她非常惊喜与激动，她被选为北京2022年冬奥会首钢园传递点位的第三棒火炬手。

为了让这份火炬传递更有意义，在当天的火炬传递交接时，第二棒火炬手、北京市丰台区马家堡街道时代风帆楼宇党委书记与韩利萍特别设计了一个"阶梯"交接的动作，以此寓意代代传承。当韩利萍高擎着火炬"飞扬"，走在既定的火炬传递区域，她想：自己代表的是山西的产业工人，一定要跑出山西人、航天人的自信与风采。

带着这样的信念感她圆满完成了火炬接力任务，火炬传递完成后，韩利萍依旧激动不已，接受采访时她说道："这种经历太难得了，拿到火炬，手里感觉沉甸甸的！"

一直以来，韩利萍孜孜以求的便是"铸造大国重器，托举航天梦想"，为实现中国航天强国梦不断贡献新的力量。如今，国家级韩利萍技能大师工作室和韩利萍劳模创新工作室已经成为攻坚克难的基地、技术交流的平台、人才培养的摇篮。

⊙ 2019年，韩利萍参加中华人民共和国第二届青年运动会火炬传递活动

在工作中，韩利萍常常跟徒弟们讲，提高技术没有捷径，唯有勤学苦练。遵循"一万小时定律"，要久久为功，还要善于思考。前辈们的经验传承成就了她技术的日益精进，而她也要把自己的成果积累传承下去。韩利萍说："就像北京2022年冬奥会的火炬接力一样，工匠精神的'火炬'也要一棒接一棒地传下去。"

三尺铣台是韩利萍终生奋斗的舞台，她自觉地把个人的理想追求融入国家的命运和民族的复兴伟业中，在面对困难和挑战的时候不言放弃，不断寻求自我突破。

韩利萍说："30年前我们国家还没有可以载人的火箭，30年后，我们在太空有了自己的空间站。我赶上了国家航天事业的蓬勃发展期，还有什么理由不竭尽全力为航天事业献出一份力量？"

这些年来，韩利萍欣喜地发现本行业技能人才已经发生了显著变化。首先，技能人才成长速度快了。2019年，他们车间一下子评上了5名高级技师。这说明国家评高级技师的速度更快了。本来要花数十年熬工龄，现在看实际能力、专业成果，一切都有量化考核，年轻人更有动力了！

其次，捅破了技能工人的职业天花板，通道畅通。"以前工人没什么发展希望，现在，特级技师、高级工程师还可以走向领导岗位。"

再次，技能工人的社会地位提高了。上了中央电视台《大国工匠》后，韩利萍的朋友圈曾一度刷爆，她说："像我，不仅享受国务院首批高技能人才特殊津贴，荣获了'全国三八红旗手标

⊙ 2022年，韩利萍作为北京冬奥火炬手参加火炬传递活动

兵'、全国劳动模范等称号，还当选党的十九大、二十大代表，担任全国妇联执委、山西省妇联常委、长治市妇联兼职副主席，有许多社会职务，既能为国家发展建言献策，又能为技工姐妹们发声。"

面向未来，韩利萍设想通过国家级技能大师工作室着力培养更多的优秀航天工匠，建设具有航天特色的技能培训中心，形成装备制造技术的创新联盟。

"我将坚守技能报国的初心，带着同事们的美好祝愿去见证伟大的历史时刻。"韩利萍说。产业工人队伍建设改革5年来，产业工人的获得感、幸福感、安全感不断提升，希望能有更多支持制造业和实体经济的政策出台，能有更多的优秀人才加入技能报国的队伍中来。

不仅如此，这份盛满工匠精神的"火炬"，如今也传递到了韩利萍女儿的手中。在韩利萍的鼓励和影响下，女儿马宁睿成为首都航天机修有限公司的一名员工，他们一家也成了名副其实的"航天家庭"。

可忙碌的工作哪能允许韩利萍停下勤奋的脚步？在航天事业的发展路上，她勇毅前行，从不后退。30多年的职业生涯，韩利萍和中国航天事业相依相伴，她搭上了中国航天事业发展的高速车，亲眼见证了中国航天的极速发展，也亲眼见证了中国航天取得的一个又一个辉煌。

凭着对航天事业的热爱，凭着脚踏实地的责任感和一丝不苟的科研精神，她一次又一次攻克技术难关，一次又一次实现工艺创新，圆满完成多项科技攻关项目，见证中国航天刷新一个又一个"中国高度"。

她是杰出的女性劳动模范，她是被人们仰望着的大国工匠，她告诉我们女性也可以在这个充满未知和无限探索的航天领域干出一番成绩，她告诉我们要认真专注、自强不息。在她心中，飞天梦是中华民族的千年之梦，是伟大的复兴之梦。她承诺，一定会心怀梦想、脚踏实地、奋勇拼搏，在奋力奔跑和接续奋斗中成就梦想，再铸荣光。

她是火箭发射平台的"微雕师"，她是韩利萍。